LE

RÉGIME DES PASSEPORTS

EN

ALSACE-LORRAINE

CE QU'EST LE RÉGIME DES PASSEPORTS
L'EXCLUSION DES MILITAIRES ET DES PROFESSEURS
LE MASSACRE DES INNOCENTS
LE TRAFIC DES INDULGENCES
LES ÉLECTIONS DU 20 FÉVRIER 1890
LA RÉPUDIATION, PAR L'ALLEMAGNE, DU TRAITÉ DE FRANCFORT

Prix : Un franc

PARIS

A. LAHURE, IMPRIMEUR-ÉDITEUR

9, rue de Fleurus, 9

ET CHEZ TOUS LES LIBRAIRES

—

1890

LE
RÉGIME DES PASSEPORTS
EN
ALSACE-LORRAINE

OUVRAGE DU MÊME AUTEUR

La Question d'Alsace (Hachette et Cᵉ) Prix. . .   3 fr. 50

20886. — Paris. Imprimerie Lahure, rue de Fleurus, 9.

JEAN HEIMWEH

LE
RÉGIME DES PASSEPORTS
EN
ALSACE-LORRAINE

CE QU'EST LE RÉGIME DES PASSEPORTS
L'EXCLUSION DES MILITAIRES ET DES PROFESSEURS
LE MASSACRE DES INNOCENTS
LE TRAFIC DES INDULGENCES
LES ÉLECTIONS DU 20 FÉVRIER 1890
LA RÉPUDIATION, PAR L'ALLEMAGNE, DU TRAITÉ DE FRANCFORT

Prix : Un franc

PARIS
A. LAHURE, IMPRIMEUR-EDITEUR
9, rue de Fleurus, 9
ET CHEZ TOUS LES LIBRAIRES

1890

[illegible]

[illegible]

[illegible]

[illegible]
[illegible]
[illegible]

1842

[illegible]

PRÉFACE

M. le chancelier de Caprivi a parlé. Les élections n'y ont rien fait; le régime des passeports subsiste.

Il faut un souffre-douleur à l'Allemagne; le bras lui démange ; elle a besoin de frapper.

C'est en frappant qu'elle montre sa force et fait sentir le bienfait de son unité.

Les catholiques ont été battus d'abord ; les socialistes ensuite ; puis est venu le tour des Alsaciens-Lorrains.

Que ceux-ci prennent exemple sur leurs compagnons de misère. Qu'ils déploient une fermeté invincible; et le régime des passeports tombera comme sont tombées les lois de mai et comme tombent les lois contre le socialisme.

Courage! chers compatriotes. On peut tout espérer de la lutte, tout — entendez-le bien — quand la cause est juste, la foi ardente et le cœur intrépide.

11 juin 1890.

LE
RÉGIME DES PASSEPORTS
EN
ALSACE-LORRAINE

CE QU'EST LE RÉGIME DES PASSEPORTS — L'EXCLUSION DES
MILITAIRES ET DES PROFESSEURS — LE MASSACRE DES INNO-
CENTS — LE TRAFIC DES INDULGENCES — LES ÉLECTIONS
DU 20 FÉVRIER 1890 — LA RÉPUDIATION PAR L'ALLEMAGNE
DU TRAITÉ DE FRANCFORT

I

CE QU'EST LE RÉGIME DES PASSEPORTS

Il faut reconnaître que la question des passeports est l'une des plus anciennes qui soient au
monde. Ne date-t-elle pas, en quelque manière,
du paradis terrestre, dont l'épée flamboyante d'un
céleste gendarme interdit l'accès à nos premiers
parents? Sans remonter si haut, on sait que Ratchis, roi des Lombards, légiférait, au milieu du
huitième siècle, pour défendre aux juges des
Marches de laisser entrer ou sortir personne
sans son autorisation. Vingt-cinq ans plus tard,
à la vérité, Charlemagne supprimait tout en-

1

semble le régime des passeports et le royaume des Lombards.

Depuis, à mainte reprise, souverains, petits ou grands, principats ou républiques, ont à l'envi rétabli les passeports, et cela pour d'excellents motifs, toujours les mêmes dans tous les temps. Ne faut-il pas, en effet, se prémunir contre les entreprises et la curiosité du voisin? défendre l'ordre établi contre les maléfices de l'étranger? écarter la contagion des doctrines subversives? en un mot, préserver l'édifice social? Et quel meilleur moyen d'y parvenir que d'arrêter les gens à la frontière et d'employer la police à distinguer les bons, qu'on laissera passer, d'avec les mauvais, qu'on tiendra soigneusement à la porte?

C'est ainsi qu'ont raisonné et que raisonnent encore les gouvernants lorsque, sous le couvert de la raison d'État, la présomption et l'égoïsme dirigent leur politique. Ils s'érigent, à leur fantaisie, en arbitres du bien et du mal, du vrai et du faux; ils s'efforcent de soutenir artificiellement un état de choses dont ils mesurent la valeur au gré de leurs préjugés. Se guident-ils sur l'intérêt personnel? ce sont des prévaricateurs. Agissent-ils de bonne foi? ce sont des sots. Mais peu importe le motif qui les détermine; leurs efforts sont vains et leurs barrières impuissantes. Les idées se meuvent dans les hauts espaces, bien au-dessus des atteintes de la police; et les gendarmes ne sauraient les arrêler au passage, non plus qu'une muraille n'arrête les nuées qui courent dans le ciel.

Sans doute le régime des passeports n'a jamais été plus florissant qu'en Italie, à l'époque, voisine de nous, où la tyrannie de l'Autriche pesait sur cette contrée. Le vieux Ratchis lui-même, s'il avait pu voir à l'œuvre les sbires de l'empereur François ou du roi Bomba, se fût émerveillé des progrès accomplis par ses successeurs. Que reste-t-il toutefois de tant d'entraves laborieusement apprêtées? Elles ont disparu sous l'action d'une épée vengeresse et de l'improbation publique.

Malheureusement, l'incorrigible race des Ratchis subsiste encore. Chassée d'Italie, elle s'est transportée en Alsace-Lorraine, et là, forte de sa vieille expérience, elle a restauré le régime de séquestration avec une vigueur et une audace inconnues auparavant. Sans flatterie, elle est parvenue à se surpasser elle-même.

C'est à partir du 1ᵉʳ juin 1888 que l'obligation du passeport fut imposée à l'entrée en Alsace-Lorraine le long de la frontière française. Elle remplaça celle du permis de séjour, prescrite l'année précédente à la suite des élections au Reichstag. Le permis n'était exigé que des Français passant au moins une nuit au Reichsland. On le présentait au lieu du séjour. Le passeport, qu'il faut exhiber à la frontière, est obligatoire pour tous les étrangers quelle que soit leur nationalité, alors même qu'ils ne font que traverser l'Alsace-Lorraine.

Au fond, les deux systèmes sont à peu près équivalents pour les principaux intéressés, c'est-à-dire pour les Français demeurés attachés aux provinces conquises par des liens d'affaires ou de famille. Ceux-là ont besoin de retourner dans les localités où ils étaient accoutumés à se rendre et où, naturellement, ils sont connus de la population. Pour y séjourner, il leur faut l'assentiment des autorités, et la forme de la permission, permis ou passeport, importe assez peu. Mais le passeport a pour effet d'écarter en outre, au moins sur la frontière française, les Français voyageurs, les curieux, ceux qui, sous le régime du permis, pouvaient encore parcourir indûment l'Alsace, en faisant halte dans des lieux où ils n'étaient connus de personne ou seulement que de leurs hôtes. Sans doute on a peu usé d'une ressource aussi compromettante ; cependant quelques mauvaises têtes ont dû la mettre à profit, puisque même un journaliste s'est vanté d'avoir joué ce bon tour aux Allemands; il eût mieux fait de se taire.

Quoi qu'il en soit, l'institution du passeport a mis ordre à cet abus. Le loup ne peut désormais pénétrer dans la bergerie qu'en faisant un détour; il faut qu'il se présente sur une autre lisière que celle de France, et cela suffit à tranquilliser les porte-houlettes de l'Allemagne. Leurs chiens sont d'ailleurs apostés de toutes parts pour flairer les maraudeurs et leur donner la chasse.

La substitution du passeport au permis de séjour a procuré encore d'autres avantages. La délivrance des permis concernait les seules autorités du Reichsland. Aussi les administrateurs de tout grade, depuis le commis de Kreisdirection jusqu'au Statthalter, étaient-ils accablés de plaintes et de réclamations; et celles-ci se trouvaient d'autant plus difficiles à repousser que les solliciteurs étaient gens du pays intercédant pour des parents et des amis et venant se plaindre en personne. Or, on a beau être fonctionnaire allemand, il est pénible, quand on se trouve face à face avec un interlocuteur, d'être à court de raisons pour maintenir un refus. Le passeport, au contraire, fait intervenir, outre les autorités d'Alsace-Lorraine, l'ambassade d'Allemagne à Paris et même les bureaux de Berlin. Dès lors, il est très facile de se débarrasser des fâcheux. Il n'y a qu'à les promener de Caïphe à Pilate, et l'on ne s'en fait pas faute.

Mais à quoi bon envelopper dans la disgrâce des Français tous les autres étrangers? Pourquoi exiger aussi le passeport des Anglais, des Belges, des Espagnols, même des alliés, Autrichiens et Italiens? Il semble que, surtout par rapport à ces derniers, les mesures adoptées soient injustifiables, pour ne pas dire plus. Qu'on n'en croie rien. L'Allemagne connaît à fond ses amis. Elle sait qu'ils tiendront peu de compte d'une autorité qui négligerait de se faire sentir. C'est pourquoi elle a la main dure. Et puis l'Allemagne n'est pas seulement le capitaine de la Triple-Alliance; elle en est aussi le directeur de conscience, et le directeur scrupuleux. Jalouse avant tout du progrès spirituel de ses ouailles, elle sait y subordonner leur avantage temporel. Elle ne craint pas de les pousser dans la voie du salut par le jeûne et la mortification. Elle ira, s'il le faut, jusqu'à user de la schlague.

Les choses du Reichsland sont d'ailleurs son affaire particulière. Elle tient à se les réserver exclusivement en écartant tous les profanes; car on ne saurait trop se mettre à l'abri des bavardages et de la médisance; et nul n'ignore qu'il faut, à cet égard, se méfier des amis presque autant que des ennemis. Il était donc excellent de détourner les voyageurs de l'Alsace-Lorraine; et c'est du côté de la France que, naturellement, il convenait de poser les barrières. On pouvait craindre, en effet, que les étrangers venant de ce côté ne fussent prévenus contre le système de régénération appliqué dans les provinces conquises. Mais ceux qui arrivent par le Rhin sont mieux préparés. Leur passage sur la terre allemande leur a suggéré la crainte du maître, commencement de toute sagesse. Ils ont appris à comprendre les beautés de la discipline et à goûter les bienfaits du despotisme. Rien n'empêche de les laisser passer.

On peut juger maintenant de la supériorité du régime des passeports sur celui des permis de séjour. Par la substitution, après une seule année d'expérience, du premier de ces régimes au second, l'administration allemande a transformé l'ébauche primitive en une œuvre accomplie. En exigeant le passeport sur la frontière française, elle acquiert le moyen de couper court aux allées et venues entre la France et l'Alsace ainsi qu'au passage des voyageurs venant de l'ouest. En exigeant ce passeport de tous les étrangers indistinctement, elle attribue un caractère universel à une mesure dirigée effectivement contre les seuls Français. Dès lors, de quoi la France se plaindrait-elle? Qu'importent les clauses du traité de Francfort? C'est l'Allemagne qui les a imposées; c'est donc à elle qu'il appartient de les interpréter.

Mais si la frontière est fermée à l'ouest, elle demeure ouverte, vers l'est, aux brises fortifiantes et rajeunissantes qui soufflent de ce côté. Avec ces brises passent bien aussi quelques nuages. Ils viennent surtout de la Suisse, contrée suspecte; et il s'en est fallu de peu qu'on n'y mît ordre. Heureusement l'Allemagne a pris le temps de la réflexion. Réprimant l'impatience que lui causait l'attitude d'un petit peuple entiché de ses libertés, elle a pesé scrupuleusement les avantages et les inconvénients de l'extension à d'autres États de ses rapports avec la France. Elle a eu le bon esprit de comprendre que les pertes surpasseraient les profits, et la sagesse de se contenter du mieux, puisque, après tout, le parfait n'est point de ce monde.

On a très heureusement comparé le régime de l'Alsace-Lorraine à celui de la prison cellulaire. Mais il y a cellule et cellule, autrement dit, il y a des degrés dans l'isolement. La solitude complète, c'est un fait avéré, conduit à la folie et au suicide. Il faut éviter cet excès. Le but qu'on doit poursuivre est de moraliser le détenu dans le même temps qu'on le punit, et l'on y parvient, par une double action : en séparant le prisonnier du milieu corrupteur; en le ramenant au bien par les bons exemples et les exhortations pieuses. Telle est la méthode appliquée à l'Alsace-Lorraine par l'Allemagne. La France est le lieu de perdition dont la geôlière sépare sa captive. Elle compte, pour régénérer celle-ci, sur les visites charitables des prédicants d'outre-Rhin, sur les homélies de la presse à gages et, comme dernier moyen de persuasion, sur l'apostolat des fonctionnaires, des commissaires de police et des gendarmes.

Ainsi se résument les traits originaux du régime des passeports en Alsace-Lorraine. C'est à leur harmonieux concert que ce régime doit sa beauté. C'est par le discernement apporté dans leur choix qu'il sort de la foule des contraintes vieillottes et banales et qu'il atteint, policièrement parlant, à la hauteur d'une œuvre d'art. Il faut, pour être juste, rendre hommage au génie politique et à la compétence professionnelle de la chancellerie allemande.

Ce tribut d'hommages, nous l'avons payé, dans

la limite de nos moyens, en donnant ici la première place à l'Allemagne, c'est-à-dire en examinant d'abord la question des passeports sous le point de vue allemand. Reprenons maintenant la même question en nous plaçant à d'autres points de vue, dont, il est vrai, l'Allemagne n'a nul souci, mais qui méritent pourtant quelque attention à cause du grand nombre d'hommes qu'ils intéressent.

L'obligation du passeport à l'entrée de l'Alsace-Lorraine n'impose, en définitive, à ceux des étrangers qui ne sont pas français, qu'un court retard et une petite perte d'argent. C'est une vexation des plus désagréables, mais en général sans gravité, pratiquement parlant.

Il en est tout autrement à l'égard des Français, pour lesquels cette obligation entraîne le délai d'une longue enquête, suivie le plus souvent d'un refus de visa. Elle les constitue à l'état de prévenus, et de prévenus soumis à la pire des juridictions, à la plus arbitraire, à celle qui tranche de haut et de loin, qui décide sans entendre et frappe sans dire pourquoi. Même leur condition est inférieure à celle des prévenus ordinaires, de ceux qu'on accuse de crimes de droit commun, car tout Français est d'avance présumé coupable sur le seul fait de sa nationalité. Si, après une longue et anxieuse attente, on lève pour quelques-uns l'interdiction de passer, c'est purement par grâce et pour un temps chichement mesuré; mais les favorisés ne sont nullement absous;

ils restent des suspects, assujettis à l'obligation de la résidence et à la surveillance de la police. L'accident d'être Français est un crime irrémissible.

Mais, si nombreux que soient les Français personnellement lésés par le présent régime de l'Alsace-Lorraine, ils ne composent, en définitive, qu'une petite fraction par rapport à ceux que les effets de ce régime n'atteignent point. Leurs souffrances sont peu de chose dans la vie générale de leur nation, d'autant que la mutilation a été matériellement petite pour le grand pays, et que celui-ci, ses plaies pansées, rentré en possession de lui-même, a retrouvé son énergie et repris ses travaux. Ce tourbillon de vie qui enveloppe nos parents et nos amis de France, ce flux rapide qui les emporte, les détournent de songer sans cesse au passé et de s'appesantir sur ce qui advient au loin dans la province conquise. Ils ont la fortune d'être distraits de leur malheur.

Tout autre est le sort des Alsaciens-Lorrains restés au pays. Ils étaient déjà bien assez malheureux avant l'institution des passeports et des mesures de rigueur. C'est une dure souffrance, quand on n'est ni un esclave ni un serf, de changer de nationalité sous l'empire de la force. A l'humiliation d'avoir servi d'enjeu, d'être passé d'une main dans une autre comme une bête ou un meuble, s'ajoutent les froissements, les inquiétudes et les tourments de toute sorte, suite inévitable d'une pareille transmission. Mœurs, habitudes, culture, sentiments, tout ce qui compose le fonds moral lentement formé par les ancêtres et incorporé dans chaque personne par l'effet de l'éducation et des années déjà vécues, tout cela est suspecté, incriminé, vilipendé. Tout cela doit disparaître pour laisser place à de nouveaux usages et à de nouvelles idées. Il nous faudrait, en vérité, pour complaire au vainqueur, brûler ce que nous adorions et adorer, je ne veux pas dire ce que nous brûlions, car l'intolérance ni la haine ne remplissent encore nos âmes, mais ce qui, bon pour d'autres sans doute, répugne à notre nature foncièrement française.

Cependant cette abjuration nous déshonorerait. Elle nous ferait mépriser même de nos maîtres, tant les renonciations qu'ils nous imposent leur paraîtraient inacceptables si, les rôles étant renversés, ils venaient en notre place. Mais ils ne semblent pas même s'apercevoir de l'odieux d'une contrainte qui ne nous laisse le choix qu'entre la persécution et la honte. Pourvu que nous cédions et que nous cédions vite, tout le reste leur est indifférent. Point de pitié. La force leur a donné l'Alsace-Lorraine, la force sera leur instrument de règne. Comme l'a dit au Landesauschuss le député de Strasbourg, ils s'impatroniseront par la terreur.

C'est à quoi ils se sont résolus après la mort du maréchal de Manteuffel, en saisissant le prétexte du cri de protestation poussé aux élections de 1887, sous la menace d'une guerre contre la

France. Depuis cette époque, nous vivons en captifs. Nos institutions, nos associations locales, celles de bienfaisance comme les autres, ont été brutalement abolies. Non seulement on nous astreint au régime cellulaire; mais, en nous imposant des maires professionnels, on met encore le gardiennage à notre charge. Le français, la seule langue que beaucoup d'entre nous sachent parler, est chassé de l'école et rigoureusement exclu de tout usage public. Les Allemands, en l'adoptant pour langage officiel à la Conférence de Berlin, ont péremptoirement reconnu l'utilité, même pour les classes ouvrières, d'apprendre à le parler. Mais ici, aux portes de la France, où il serait plus nécessaire que partout ailleurs de l'enseigner, ils ont été jusqu'à le proscrire des cimetières.

Oh! la mesquine et l'odieuse persécution! Elle est digne des barbares; et ce qui, bien loin de la pallier, en augmente encore la bassesse, c'est qu'elle s'exerce ponctuellement, scientifiquement, avec une acrimonie tranquille et calculée. Il n'est pires bourreaux que ceux qui portent des lunettes et qui ont pris leurs grades. Cette lamentable vérité trouve sa plus belle confirmation dans l'œuvre des passeports, dans cette œuvre d'iniquité et de torture qui rejette les Alsaciens-Lorrains au ban de l'humanité!

La sujétion de demander le passeport et celle de le payer sont un premier obstacle, qui reste infranchissable pour beaucoup de ceux dont nous attendons la visite. De là, bien des souffrances; mais comme elles sont secrètes, personne ne s'en occupe. C'est bénéfice net pour l'Allemagne. La longueur du délai entre la demande et la réponse crée un obstacle préjudiciel d'un autre genre. On peut avoir besoin de brusquer un départ sous le coup de nécessités imprévues et pressantes. On pourrait aussi, profitant d'un loisir inattendu, accourir auprès des parents restés au pays, en doublant leur joie par le plaisir de la surprise. N'est-ce point un peu pour l'une et l'autre de ces fins que roule la locomotive? Si vraiment! foi d'ingénieur!... Pars donc, ô mon fils! ô mon frère!... le train est prêt,... il dévore la distance.... La voici, cette station de chez nous, dont l'aspect fait battre ton cœur, chère bicoque, plus agréable à tes yeux que le Parthénon ou Saint-Pierre.... Dieu merci, l'indicateur est véridique. Il a tout prévu, le prix, le départ, les haltes, l'arrivée..., tout, hélas! sauf le gendarme qui demande les passeports à la frontière et dont le casque à pointe dissipe brutalement mon rêve.

Pur verbiage! ce rêve, pure folie! l'Allemagne ne reconnaît qu'à ses nationaux le droit aux bénéfices de la vie civilisée. Elle s'indigne du traitement que la Russie fait souffrir à ses provinces baltiques, tandis qu'elle trouve tout naturel d'appliquer le même régime à l'Alsace-Lorraine. Il n'y a, pour l'Allemand, de sentiments sérieux que les sentiments allemands, de vertu solide que la vertu allemande, de mal du pays respectable que le mal du pays allemand. Ces choses, pour lui, n'existent qu'à fleur d'âme chez les gens d'au delà des Vosges; et l'Alsacien-Lorrain, tout infecté de virus français, ne vaut pas mieux que ses voisins de l'ouest. Aussi tout ce qui touche au sentiment est-il regardé comme non avenu dans les officines où l'on décide sur les passeports. Essayez d'alléguer le désir de voir des parents ou des amis, et vous m'en direz des nouvelles. Sachez, une bonne fois, que les visites de luxe sont interdites.

Il vous faudra citer des faits, donner des raisons susceptibles d'être matériellement vérifiées, des raisons de procureur ou de médecin, mais surtout de procureur, les assertions de la Faculté étant passablement sujettes à caution. Car enfin, que l'un de nous, accablé par l'âge ou par la maladie, cherche à réunir une dernière fois autour de lui ses enfants émigrés en France, pourra-t-il garantir que la crise dont il est travaillé sera sûrement la dernière? et donner le compte exact des jours qui lui restent à vivre? Devra-t-il, par délicatesse, mourir à échéance fixe? crainte d'encourir le blâme d'avoir fait abus de son infirmité! Et si, inconsciemment ou charitablement trompé par le médecin sur la gravité du mal et l'imminence du dénouement, il paye sa dette avant l'expiration du délai prévu, le voilà frustré de sa dernière consolation; le malheureux ne reverra pas les siens; il mourra dans la solitude et l'affliction.

Ce ne sont point là des cas imaginaires. Quoi que puissent dire les Allemands, les faits de ce genre abondent; et il n'est pas besoin, pour les confirmer, d'y associer des noms propres. Non! ces cruautés ne sont pas niables. Elles sont une conséquence tellement immédiate et nécessaire du régime des passeports, que, ce régime étant donné, elles ne pourraient pas ne pas se produire, non seulement fréquemment, mais même incessamment. Les Allemands en ont d'ailleurs accepté la responsabilité par la justification qu'ont entrepris d'en donner leurs journaux officieux, en se fondant sur l'action salutaire des mesures de rigueur. Car ils ne sont nullement embarrassés, après avoir nié le plus longtemps possible un mauvais cas, de s'en accommoder ensuite avec la plus sereine désinvolture.

C'est de l'étendue des restrictions apportées au visa des passeports que résulte la grandeur de nos souffrances, qui va sans cesse croissant à mesure que nos tortionnaires deviennent plus expérimentés. En gens méthodiques et pratiques, ils ont tracé d'abord les maîtresses lignes de l'œuvre; ils ont distribué les personnes en catégories d'après leurs professions, en se réglant sur les objets de celles-ci, sur les aptitudes et les moyens d'action de leurs membres, qui fournissent une excellente base de classement pour graduer les exclusions.

II

L'EXCLUSION DES MILITAIRES
ET DES PROFESSEURS

Un coup de maître des Allemands a été d'identifier le principal article de leur règle des passeports avec les termes de la loi de recrutement française. Ils ont simplement ajouté le refus du visa aux sujétions imposées aux Français par le service militaire. Ce service est obligatoire de 20 à 45 ans pour tous les citoyens. Pareillement le refus du visa, qui se prolonge, d'ailleurs, pour les militaires plus âgés jusqu'au temps de leur mise à la retraite. En outre, le visa n'est accordé que très difficilement aux jeunes gens aptes à s'engager, c'est-à-dire âgés de 18 à 20 ans. Ces interdictions, auxquelles il ne peut être dérogé que dans un très petit nombre de cas, réputés de force majeure, et pour des délais aussi courts que possible, nous causent le préjudice le plus grave et des souffrances incalculables. Elles ferment l'accès de l'Alsace-Lorraine aux trois quarts des hommes valides de nationalité française, que les liens de famille ou les relations d'affaires nous pressent de voir revenir au milieu de nous. Plus durement encore, s'il est possible, sont traités les Alsaciens-Lorrains pourvus de l'autorisation d'émigrer.

Ce serait faire injure au bon sens et à la vérité que d'imputer cette rigoureuse exclusion des militaires à un intérêt de défense nationale. Pour connaître par le menu la topographie de l'Alsace-Lorraine, la position exacte des routes, des chemins, des cours d'eau, des fossés, des sentiers, les limites des vignes et des bois, les emplacements des lieux habités et leur population, le relief du sol et jusqu'aux tranchées en forêt provenant d'anciens chemins d'exploitation, il n'est pas besoin d'aller sur les lieux ; il suffit d'acheter la nouvelle carte à grande échelle du Reichsland. Elle est très bien faite, et l'on y trouve tous les renseignements imaginables, à la seule réserve du tracé des fortifications. On aurait pu d'ailleurs, sans nul inconvénient, donner aussi ce tracé. Si on ne l'a point fait, c'est sans doute qu'on a voulu éviter de prendre une peine aussi superflue que celle de fournir, en abrégé, aux puissances étrangères, des informations qu'elles possèdent déjà dans le plus grand détail : car il est de règle, entre voisins, de se dérober mutuellement ces secrets le plus tôt possible, pendant qu'ils sont encore tout frais. On les pénètre alors plus facilement et à meilleur compte.

Aussi n'est-ce point à des officiers ou à d'autres personnes expérimentées qu'on fera jamais accroire que l'exclusion en masse, prononcée contre les militaires d'une nation voisine, soit commandée par les nécessités de la défense et notamment par le soin de se prémunir contre l'espionnage. Ce ne sont là que des prétextes, auxquels ceux-là même qui les ont mis en avant n'attachent réellement pas d'importance. Les vrais, les seuls motifs de l'exclusion dont il s'agit sont la valeur politique du procédé, sa simplicité et son efficacité. Il n'y avait pas de meilleur moyen de séparer l'Alsace-Lorraine de la France que d'adopter une formule qui permît, tout en rassurant les faciles consciences des alliés et jetant un peu de poudre aux yeux du public, d'écarter du Reichsland tout ce qu'il y a d'énergique et de vivant dans la population mâle qui l'a quitté. Peu importe le déchirement qu'en éprouveront les Alsaciens-Lorrains. En politique, on ne doit considérer que la fin, ou, si l'on préfère parler noblement, que la raison d'État; mot illustre qui, sitôt prononcé, met en fuite l'humanité, la justice, la tolérance, la bonne foi, en un mot toutes les vertus propres à rendre la vie commune supportable tant aux peuples qu'aux individus.

N'est-ce pas encore une chose très honteuse que de voir, dans une époque qui se dit cultivée et même raffinée, une grande nation militaire abolir sans scrupule ces anciennes et courtoises relations de confraternité, fondées sur une estime réciproque, qui existaient naguère entre les soldats de tous pays? C'étaient de respectables restes de la chevalerie, qui avaient au moins l'avantage de supprimer les haines d'armées à armées, et de permettre, en amenant à verser le sang d'une manière en quelque sorte innocente, de régler et d'adoucir, dans bien des cas, les fléaux de la guerre. On peut croire que, si les anciens chevaliers de l'Ordre teutonique revenaient au monde, ils ne seraient pas fiers de leurs successeurs. Peut-être reconnaîtraient-ils en eux, au lieu de gentilshommes de leur race, les descendants de ces barbares que, pour le malheur de leurs arrière-neveux et le nôtre, ils n'ont pas suffisamment exterminés.

Il a paru que, en 1888, pendant la première année du régime des passeports, la catégorie des militaires ait été la seule atteinte par une exclusion formelle, applicable à tous ses membres. Mais on n'a eu garde d'en rester là. La cruauté vient en frappant comme l'appétit en mangeant. On a donc, l'année suivante, donné des compagnons aux militaires et à nous, Alsaciens-Lorrains, de nouveaux sujets de tribulation. L'élite des professions libérales a été frappée à son tour. Littérateurs, savants, professeurs, administrateurs ont été marqués du sceau de la réprobation, non pas, sans doute — car il ne faut rien exagérer — avec la rigueur draconienne déployée contre l'armée, mais cependant avec une sévérité jusque-là sans précédents et qui ne s'est laissée fléchir que rarement et difficilement. Cette sévérité était d'ailleurs indispensable, car il faut bien, lorsqu'on commet de mauvaises actions, faire l'obscurité autour de soi en éteignant les lumières qui révéleraient ces méfaits.

Il n'y a pas d'autre excuse aux mesures de défense prises contre les professions libérales. Et ainsi la nation allemande, cette studieuse et docte nation, si intimement convaincue de sa suprématie intellectuelle, a dû en venir au point de se mettre en garde contre l'intelligence et le savoir. Ni plus ni moins que ces peuplades ignorantes et fanatiques qui repoussent de chez elles missionnaires et voyageurs, elle a exclu d'un territoire qu'elle prétend régénérer tout ce qui est capable de penser, d'écrire et de parler. Elle en portera la peine. Fatalement l'injustice et la violence abêtissent ceux qui s'y abandonnent.

III

LE MASSACRE DES INNOCENTS

Les militaires écartés, ainsi que les membres des professions libérales, restait la masse non qualifiée, les femmes, les enfants, les vieillards, avec quelques hommes faits. Un nouveau triage les a répartis en deux classes : les indignes et les neutres. Les indignes sont tous ceux qui ont de mauvaises notes, tous ceux que les dossiers individuels, méthodiquement classés et patiemment tenus à jour, désignent comme animés de dispositions hostiles ou coupables d'une attitude suspecte. Que ces dossiers, établis par la police, contiennent des accusations erronées ou excessives, que des faits y soient travestis par suite de malentendus, ou dénaturés par la sottise d'un agent, ou falsifiés par la calomnie, cela ne peut manquer de survenir très fréquemment; mais il n'importe. Tout ce qui est écrit compte. Il n'est grief si obscur ni si ancien qu'on ne tire de la poussière pour s'en prévaloir. Nos maîtres se rappellent tout; ils ne pardonnent jamais, et tout ils ne discutent pas. C'est ainsi qu'ils parviennent à grossir sans mesure le nombre des indignes, et que, leur refusant l'accès de l'Alsace-Lorraine, ils nous privent encore d'une part très considérable de visiteurs.

Mais, du moins, ceux qui ont échappé à tant de proscriptions, les neutres, les simples, obtiendront grâce et passeront la frontière. Rien de moins assuré. Ceux-là aussi devront trembler et pâlir; et l'Alsace-Lorraine devra souffrir en eux; car il n'y a pas de bonne et salutaire terreur sans un massacre d'innocents. Sont-ils d'ailleurs sûrement inoffensifs, ces gens contre lesquels on n'a encore trouvé rien à redire? Peut-être ne leur a-t-il manqué, pour mal faire, que l'occasion! Il vaut donc mieux ne point la leur offrir. Mais, dira-t-on, ce sont des femmes, des enfants, des vieillards! Eh! qu'importe! Il faut savoir, quand on s'est fixé un but, renverser tous les obstacles et mépriser tous les scrupules.

A bas les fadaises sentimentales. Les hommes des âges virils passaient au fil de l'épée tous leurs ennemis sans distinction ; et, en bons pères de famille, soucieux de la sécurité de leur race, ils se gardaient surtout d'épargner les enfants. Cet usage fut encore suivi par Hérode ; mais depuis, pratiqué seulement dans quelques familles souveraines, il est peu à peu tombé en désuétude. Le principe en reste bon ; toutefois il faut être de son temps. A défaut du glaive, on s'aidera du passeport.

-- Ainsi raisonnèrent messieurs les Allemands, en philosophes naturalistes ; mais l'argument est complexe, et la résultante de toutes les actions directes ou réflexes, positives ou négatives, auxquelles se trouva soumise, en cette occurrence, leur matière encéphalique, fut l'institution de la règle du *quantum*. Toutefois, n'ayant pas été mis dans le secret des autorités, je dois ici faire une réserve. Pas plus que Newton n'a certifié la réalité des lois auxquelles se conforment les mouvements des astres, je n'affirme la réalité de la règle du quantum. Tout ce que je puis dire, c'est que les choses se passent comme si cette règle existait.

Or donc, elle consiste dans la limitation à un certain taux du nombre des admissions. Aux exclusions tant générales que particulières, prononcées sous divers prétextes, on en ajoute d'autres sans motifs, de manière à atteindre tant pour cent des demandes. Mais le quantum est-il fixe? ou bien est-il mobile? variable, par exemple, avec le ton des journaux français? ou avec la digestion du président de police? On n'est pas encore fixé là-dessus. Ce qu'on sait pertinemment, c'est que ce quantum a augmenté sans cesse et que le massacre des innocents a pris des proportions effrayantes.

A moins de circonstances particulières, les coups tombent au hasard. Ils sont distribués en général avec tant d'impartialité, avec un tel souci de ne point favoriser une famille au détriment de quelque autre, qu'on laissera entrer, par exemple, une mère, mais non sa fille, ou une femme sans son mari, ou une nourrice sans son nourrisson; à moins que ce ne soit l'inverse : la fille sans la mère ou le nourrisson sans la nourrice. Et si ces êtres, que la nature ou la loi ont unis, ne veulent point se séparer, eh bien! qu'ils restent tous en France!... En vérité, nos maîtres sont d'une rouerie....

Mais la fatalité elle-même est soumise à des lois. On ne peut pas, à tout instant, comparer le chiffre des visa avec celui des demandes. Ce compte est fait de temps en temps et nos inquisiteurs apprennent alors de combien ils se trouvent non pas en avance — ils s'arrangent pour n'y être jamais — mais en retard sur le chiffre autorisé. Il leur reste ainsi une certaine marge, ensuite de quoi la porte s'ouvre pendant quelques moments, puis la règle du quantum reprenant son empire, on ne fait plus qu'entre-bâiller les battants, en les refermant de plus en plus, par précaution.

Il résulte de là qu'il existe, pour l'obtention du visa, des jours propices et des jours néfastes, et qu'il serait de la dernière importance de connaître leur ordre de succession ainsi que leurs relations avec le calendrier. Nous n'y sommes pas encore complètement parvenus; mais, avec le temps, nous résoudrons ce problème d'astrologie administrative, nous connaîtrons les influences du soleil et de la lune sur le retour des époques favorables, et nous parviendrons à pronostiquer jusqu'aux perturbations causées par des astres secondaires.

En attendant que nous puissions éclairer là-dessus nos chers Français, nous leur donnons le conseil de ne point se décourager pour un premier refus, ni même pour un second, au cas où ils auraient encore le temps d'adresser une troisième requête. Ils peuvent n'avoir échoué précédemment que pour être tombés, à chaque fois, sur un jour funeste. Qu'ils reviennent donc à la charge, en ayant soin de choisir, pour réitérer leur demande, une date différente de celle des démarches antérieures. Après plusieurs séries de noires, peut-être la rouge passera-t-elle?

C'est à des chinoiseries de cette espèce que nous sommes réduits à dépenser notre intelligence et notre imagination. Ce sont, hélas! occupations de prisonnier, futiles et stériles en elles-mêmes, cruellement blessantes pour la dignité humaine, mais de la plus haute importance pour les malheureux qui s'y appliquent dans l'espoir d'obtenir un adoucissement à leurs misères.

Comme le captif, séquestré dans sa cellule, nous comptons les pas de la sentinelle, nous étudions les habitudes et les humeurs des geôliers, nous supputons les jours, d'une longueur désespérante, qui nous séparent des visites attendues, et tout ce qui peut faciliter ces visites, les prolonger, en rapprocher le retour, devient le constant objet de nos soucis et la grosse affaire de notre existence.

IV

LE TRAFIC DES INDULGENCES

Mais tel n'est pas encore le pire effet du régime des passeports. Ce n'est point assez que le cauchemar des rigueurs policières nous obsède, que la tyrannie la plus méticuleuse pèse sur notre vie, réduise nos facultés au plus misérable emploi, anéantisse en nous tout esprit d'initiative, toute activité féconde: il faut, de plus, que cette tyrannie soit exercée de manière à nous abaisser aussi moralement et à nous faire craindre d'avoir non plus seulement à prendre pitié, mais encore à rougir de nous-mêmes.

Grâce aux passeports, les Allemands ont prise

sur nos âmes, et ils font un usage sacrilège de cette puissance en spéculant à leur profit sur nos sentiments les plus intimes. Ils nous mettent en demeure d'opter entre ces deux choses également saintes : l'honneur et les affections de famille. Car les règles qu'ils ont établies touchant l'admission de nos parents et amis français ne sont pas si rigoureuses qu'elles ne souffrent des exceptions; et ces exceptions, il appartient à nous de tâcher à les produire. Montrons-nous pleins de soumission et de prévenance envers les autorités, arborons avec empressement les bonnes couleurs, recevons les bons journaux, évitons d'aller en France, soyons en toutes choses bien sages et vraiment exemplaires, et peut-être mériterons-nous, pour les nôtres, la grâce d'un visa de faveur.

Quoique très sévères en règle générale, nos maîtres, en politiques avisés, tiennent compte des avantages qu'il leur est loisible d'acquérir par d'intelligentes concessions. Les démarches faites auprès d'eux valent, dans une assez large mesure, à proportion de la qualité des personnes qui les entreprennent. Le solliciteur est-il un homme bien posé, ayant de l'autorité sur ses concitoyens, un notable qu'il y aurait intérêt à rallier ou seulement à désarmer, ils seront beaucoup moins rigides que s'il s'agissait d'un pauvre diable, même méritant, mais dépourvu de relations et d'influence, et de la satisfaction duquel il n'y aurait à se promettre aucune utilité.

Do toutes manières ils agissent comme ces trafiquants d'indulgences, dont ils condamnent la simonie et flétrissent la mémoire. A leur exemple, ils ont soin de ne désespérer absolument personne.

Quelques grâces extraordinaires, concédées, sur de ferventes prières, jusque dans les catégories les plus durement traitées, entretiennent la lueur d'espérance qu'il importe de ne pas laisser s'éteindre. Car il faut que nous puissions nous flatter, si peu que ce soit, de mériter un jour les précieuses faveurs, dont les dieux ont commis la distribution aux autorités qui nous gouvernent. Il faut que nous ayons quelque intérêt à accomplir des œuvres agréables à ces ministres, et que nous puissions nous proposer, sans une absurdité manifeste, de fléchir leur sainte rigueur par une contrition sincère, accompagnée d'actes propitiatoires vraiment significatifs.

Ils ne se montrent d'ailleurs aussi sévères que pour hâter l'accomplissement de ces actes et nous amener plus vite à résipiscence. Quand nos députés à l'Assemblée provinciale se plaignent amèrement des intolérables souffrances qu'imposent au pays les passeports et les autres mesures de rigueur : « Ayez patience, leur répond benoîtement l'orateur du gouvernement, le moment n'est pas encore venu d'accueillir votre demande. Ces mesures, dont vous vous plaignez, sont prises dans votre intérêt, et il faut attendre, pour les rapporter, qu'elles aient produit leur effet. » N'est-ce pas dire, en bon allemand : « Mettez vos fils dans nos gymnases et dans nos universités, faites-les servir dans notre armée, mariez vos filles à nos fonctionnaires et à nos gendarmes, appliquez-vous à parler notre langue, oubliez la France, aimez-nous et.... nommez enfin des députés selon notre cœur. Alors, mais alors seulement, nous cesserons de vous torturer. Nos indulgences et votre salut sont à ce prix. »

Ce n'est pas impunément pour son intégrité morale que tout un peuple est soumis à une si cruelle alternative. Les âmes indomptables sont l'exception; partout, hélas! la masse cède plus ou moins à la torture. Avec le temps, la volonté se relâche, la patience s'use, on devient las de souffrir. Il y a des jours où le supplice paraît intolérable. Lorsqu'on se sent saisi d'un immense regret au souvenir du bonheur passé, alors la conscience est bien près de se troubler et de faiblir. On compare sa propre détresse avec la tranquille existence des hommes qui vivent par delà les frontières, on trouve excessif de supporter inutilement des tourments immérités, de protester au prix de son repos contre une violence que le monde tolère et que le temps consacre; on s'indigne, alors que l'on prend cette peine, d'être considéré par nombre de ses semblables comme un trouble-fête, qui ferait mieux d'accepter docilement son sort que de tenir en suspens, par son opiniâtreté, la paix de l'Europe, et l'on se demande si, en définitive, on ne sacrifie point à la poursuite d'une chimère les senti-ments les plus foncièrement humains et les satis-factions légitimes entre toutes, que la nature elle-même fait un devoir à l'homme de recher-cher.

Que ceux qui n'ont pas surmonté de pareilles tentations s'abstiennent de jeter la pierre aux infortunés qui les ont écoutées. Les malheureux sont plus à plaindre qu'à blâmer. Ils sont assez punis par les remords que suscite en eux la con-science de leur faiblesse et par l'humiliation qu'ils éprouvent de s'être moralement amoindris. Les vrais coupables sont leurs oppresseurs, ceux qui, par les tourments et la séquestration, les ont réduits à demander merci. Mais, par un juste et infaillible retour, ces coupables trouvent leur châtiment dans les effets de leur propre violence. Ils s'aliènent à jamais leurs victimes. La honte d'avoir accepté la servitude, le mépris de soi-même qu'inspire l'emploi du mensonge et de la ruse, toutes les dégradations qu'entraînent, pour le vaincu, les abus de la force, se tournent dans son cœur en haine contre ceux qui lui infligent ces opprobres; et cette haine devient d'autant plus profonde que l'oppression est plus lourde et plus prolongée. C'est en abhorrant son maître que l'esclave déteste ses vices et qu'il se réhabi-lite. Malheur à ceux qui suscitent de pareilles rancunes, rancunes tenaces, qui se répercutent de génération en génération, au grand dommage de la civilisation et à la honte de l'humanité!

Dieu merci! l'Alsace-Lorraine n'est pas près de céder. En dépit de quelques défaillances, elle résiste énergiquement. Mais, dût-elle un jour plier sous le joug, il n'en adviendrait pour les Allemands que ce qui est advenu, pour tant de preneurs de provinces, des conquêtes qu'ils n'ont su maintenir que par des moyens tyranniques. Si bas que tombent les opprimés, ils gardent, comme un dernier vestige de leur dignité d'hommes, la nostalgie de l'indépendance et la haine de ceux qui les ont asservis. On les croit accablés, on s'imagine qu'ils sont à jamais domptés. Il n'en est rien. Le feu couve sous la cendre, et la flamme tout à coup jaillit des décombres. Oui, la preuve est faite, le doute n'est plus possible. Que l'Alsace-Lorraine soit appelée à se prononcer demain ou dans un demi-siècle, ses habitants en masse se déclareront Français.

V

LES ÉLECTIONS DU 20 FÉVRIER 1890

Par-dessus tout et à tout prix, l'Allemagne tient à obtenir de bonnes élections en Alsace-Lorraine. Ce succès serait présenté au public comme la consécration de la conquête. On sut

profiter en 1890 do l'expérience acquise en 1887.
Le gouvernement s'y était pris, à cette date, avec
la plus insigne gaucherie. Il avait eu la sottise
de vouloir effrayer les Alsaciens-Lorrains d'une
guerre avec la France, et l'extravagance de les
mettre en demeure de répudier la patrie perdue.
France ou Allemagne, telle fut en définitive la
question posée aux électeurs. Ils répondirent
par un unanime et formidable cri de « Vive la
France, foin de l'Allemagne! » De là, les mesures
de rigueur et le régime des passeports, car on
fait volontiers expier à autrui ses propres mala-
dresses.

Nos maîtres se sont bien gardés de commettre
les mêmes fautes en 1890. A la question essen-
tielle ils ont substitué une question subsidiaire,
choisie en vue non seulement de ne point effa-
roucher les consciences, mais encore de fournir
au grand nombre des raisons plausibles pour
consentir un accommodement. Partout où il a
pu se présenter des candidats autonomistes ou
conciliants, c'est-à-dire agréables à l'Allemagne,
les élections se sont faites sur la question des
passeports. Il en a été particulièrement ainsi
dans la circonscription d'Erstein Molsheim, où
l'élection à une immense majorité du baron
Hugo Zorn de Bulach de préférence au Dr Sieffermann est d'autant plus notable que, trois années
auparavant, les mêmes électeurs avaient, avec
une extrême énergie, émis un vote exactement
contraire.

J'ai rendu compte ailleurs de l'élection de 1887[1]. Voici comment s'est accomplie celle de 1890. Environ douze jours avant le scrutin, M. Sieffermann, protestataire, était seul candidat: candidat par nécessité, bien entendu, résigné à accepter par patriotisme et par dévouement envers ses concitoyens le renouvellement d'un mandat dont la continuation était pour lui-même une charge très pénible, funeste à son repos, fort nuisible à ses intérêts, périlleuse même, puisqu'elle lui faisait courir le risque d'être un jour expulsé, comme MM. Antoine et Lalance, du territoire de l'Alsace-Lorraine. C'est un lourd fardeau que d'être député de la protestation. On s'en délivrerait avec empressement, n'était la difficulté de le transmettre à un successeur. Moins heureux que ses collègues de la Lorraine, qui trouvèrent des ecclésiastiques pour les remplacer, M. Sieffermann dut rester candidat. Dans ces conditions, on sollicite peu les suffrages de ses concitoyens. On se contente de rester à leur disposition, et l'on se confine d'autant plus volontiers dans ce rôle passif que demander leurs voix aux électeurs serait les inciter à vous choisir au détriment de leur repos et de leurs intérêts matériels. Or, il convient de leur laisser la responsabilité d'une telle décision. Ils en connaissent toute la gravité. C'est à eux de la prendre, s'ils en ont le courage.

1. *La question d'Alsace.* Hachette, Paris, 1889.

Cependant dans la dernière quinzaine, M. de Bulach, qui avait paru jusque-là ne pas vouloir se présenter, se décida, sur les instances de ses amis, à laisser poser sa candidature. Je n'ai aucun motif de croire qu'il y ait eu rien de préconçu ni de concerté dans le retard de cette candidature ni dans la manière dont elle se produisit; mais il faut reconnaître que le hasard, en donnant ce tour aux événements, s'est montré fort habile au profit de M. de Bulach et singulièrement partial en faveur de l'Allemagne. Car M. de Bulach, grâce à l'appui des autorités et à l'assistance de la presse, eut encore le loisir de faire une vigoureuse campagne, tandis que les partisans de son compétiteur, écrasés et menacés par le régime d'oppression, se trouvèrent incapables d'organiser en aussi peu de temps aucune résistance sérieuse. Il leur aurait fallu pouvoir s'assembler, se concerter, provoquer des réunions, éclairer le public par la parole et par la presse, répandre des manifestes, relever les courages, en un mot, agir, écrire et parler avec la liberté que tous les peuples civilisés regardent comme l'indispensable garantie de la sincérité et de la validité d'une élection. Or tout cela fut impossible à pratiquer ouvertement, et le temps manqua pour recourir aux procédés discrets, d'ailleurs peu estimés des Alsaciens-Lorrains, qui restent à l'usage des populations terrorisées.

A mesure qu'approcha le moment du vote, le régime d'oppression se manifesta plus menaçant et plus cynique. Dans les derniers jours, il exhiba effrontément ses plus repoussantes laideurs. Ici, des maires de carrière, là, d'ignorants et plats maires de village, ne connaissant d'autre loi que l'injonction du gendarme, font arracher les affiches du candidat de l'opposition, défendent de les coller ou s'opposent à la distribution des bulletins de vote. Des porteurs de bulletins sont arrêtés par les gendarmes, ligottés et incarcérés. Les ouvriers des fabriques sont menés en troupe, contremaîtres en tête, jusque dans la salle du scrutin et strictement surveillés jusqu'au dépôt du bulletin qu'on leur a remis entre les mains. L'action la plus légitime, l'acte le plus formellement autorisé et protégé par la loi, deviennent des crimes de haute trahison du moment qu'ils s'accomplissent en faveur du D{^r} Sieffermann. Et peut-être ces flagrantes iniquités et ces odieuses violences fussent-elles restées ignorées du grand public, tant la presse d'Alsace-Lorraine est étroitement bâillonnée, si une feuille indépendante d'outre-Rhin, la *Gazette de Francfort*, ne s'était point chargée d'en publier la relation circonstanciée.

Pendant que les partisans de la protestation étaient traités de Turc à More et réduits à l'impuissance, autonomistes et conciliateurs paradaient sous l'œil bienveillant de la police et la protection discrètement empressée de l'administration. Ils réunissaient leurs amis, formaient des assemblées, acclamaient leur candidat, le

remerciaient d'avoir bien voulu céder aux vœux
des bons citoyens, recueillaient la bonne parole
tombée de sa bouche, la colportaient avec zèle
et ajoutaient au prestige de la lettre moulée, qui
la répandait à profusion, la garantie du témoignage auriculaire et l'autorité de leur propre
confiance hautement exprimée. Ainsi, contrainte,
isolement, répression impitoyable, d'une part;
et, de l'autre, liberté, faveur et assistance.

Toutefois, cette inégalité dans les conditions
de la lutte, pour extrême qu'elle ait été, ne suf-
firait point à expliquer la volte-face exécutée par
le collège électoral de 1887 à 1890. On compren-
drait qu'un déplacement de quelques milliers de
voix, produit par la pression administrative et par
les influences personnelles, eût fait passer à une
médiocre majorité le candidat de la conciliation;
mais le vote compact émis en sa faveur par
le collège électoral presque tout entier, avec
peu d'abstentions et point de bulletins blancs
(19 000 voix contre 2000), n'a pu être déterminé
par aucune de ces causes. Pour que les électeurs
se soient aussi radicalement déjugés à trois ans
d'intervalle, il faut que l'intervention d'une circonstance nouvelle et considérable ait changé du
tout au tout l'objet du débat électoral.

Cette circonstance a été la question des passeports. C'est exclusivement sur cette question que
se fit l'élection. « Laissons la politique générale,
a dit en substance le candidat de la conciliation.
Occupons-nous de nos propres affaires, et tenons-

nous sur le terrain des faits accomplis, puisque, en définitive, nous ne pouvons pas faire autrement. Ce qui nous importe le plus à tous est la suppression des mesures de rigueur et du régime des passeports, qui nous rendent la vie intolérable. Or, ce n'est pas en envoyant à Berlin des députés protestataires que nous obtiendrons ce résultat. Il n'est que temps de renoncer aux manifestations périlleuses ou stériles et d'organiser enfin un *modus vivendi* capable de rendre la paix à notre malheureuse province, de la tirer du marasme, de la sauver de la ruine et du désespoir. Tel est le but à la poursuite duquel je consacrerais mes efforts si vous me choisissiez pour votre mandataire. Avec la dernière énergie, je réclamerais à Strasbourg, à Berlin, partout où il serait nécessaire, la suppression de ces cruelles mesures d'exception qui nous causent tant de souffrances et qu'il va dépendre de vous de rendre injustifiables. Appuyé sur vos votes, je ne doute point d'y réussir ».

Ce raisonnement exempt d'héroïsme, mais profondément humain, était bien propre à toucher les masses. Il trouvait dans les intérêts, dans les affections domestiques et dans les sentiments de lassitude de chaque électeur des échos très empressés à le redire avec insistance. La question de patriotisme n'était pas soulevée. Le paysan pouvait se flatter que cette fois elle n'était pas en jeu. Trois ans auparavant, mis au pied du mur, il avait bravement crié sa fidélité à la France. Ne pouvait-il pas maintenant, en sûreté de conscience, penser à lui-même? Ce paysan, confiné dans son canton, ne perçoit des choses extérieures, par ses propres moyens d'information, que des impressions confuses et disproportionnées. Il se figure volontiers que les gros bonnets de chez lui sont des personnages dans l'État, et s'imagine que, lorsqu'il met son bulletin dans l'urne, le monde a les yeux fixés sur sa personne. Aussi ne doute-t-il pas que ce ne soit lui-même qui, par son vote de 1887, ait provoqué l'institution des passeports, et demeure-t-il convaincu que, de son nouveau vote, dépendra le maintien ou l'abolition de cette institution. Comment ne le croirait-il pas, alors que les autorités sociales le lui répètent et qu'aucune contradiction hautement exprimée ne s'élève pour ébranler et rectifier son jugement? Et comment, dans cette persuasion, résisterait-il à l'entraînement d'exercer à son profit cette prestigieuse puissance? Et, s'il lui restait encore quelques scrupules, comment tiendraient-ils devant les exhortations de M. Steinheil, ancien député de la protestation, envoyé à Bordeaux, en 1871, par le département des Vosges, lequel aujourd'hui, sans renier ses convictions, prend fait et cause pour M. de Bulach et soutient publiquement sa candidature?

Ce n'est pas seulement dans la circonscription d'Erstein Molsheim que la question des passeports a servi de plate-forme électorale. Il en a été de même à Strasbourg-ville, à Strasbourg-campagne et à Saverne, où ont également passé des autonomistes. A Strasbourg-ville, M. Pétri, déjà envoyé au Reichstag, durant la précédente législature, pour apaiser la rancune des Allemands et réclamer contre les mesures de rigueur, y a été renvoyé dans le même but malgré la candidature adverse du socialiste allemand Bebel, suscitée dans les derniers jours. A Strasbourg-campagne et à Saverne, la retraite des anciens députés protestataires, MM. Mülheisen et Goldenberg, laissait le champ libre à MM. North et Hoeffel, candidats de la conciliation ; mais si ces derniers ont vaincu sans péril, encore n'ont-ils obtenu ce modeste triomphe qu'en s'engageant à combattre avec énergie le régime des passeports. En définitive, les quatre autonomistes de la députation d'Alsace-Lorraine ont été choisis expressément pour plaider une cause déterminée, celle de la suppression des mesures de rigueur et de l'obligation du passeport. Leurs commettants ne se sont adressés à eux qu'avec l'espoir d'augmenter les chances de succès en prenant pour avocats des personnes agréables aux juges.

Je souhaite de tout mon cœur qu'ils obtiennent gain de cause. Il faudrait être bien intransigeant pour ne pas se réjouir d'un aussi heureux résultat. Mais j'avoue que mon espoir est moins solide que mes vœux ne sont sincères. L'Allemagne reste libre ; elle n'a rien promis positivement, et il faudrait se rappeler le jeu qu'elle a oué autrefois avec les premiers autonomistes, auxquels elle s'empressa de faire bon visage et d'accorder sa protection, mais sans jamais leur donner que des encouragements platoniques ni leur rien accorder de ce qu'ils demandaient. Il ne lui serait pas possible, à la vérité, de montrer cette fois la même rigueur. Ce serait décourager à tout jamais les bonnes volontés les moins exigeantes et rejeter comme à plaisir tous les Alsaciens-Lorrains dans le parti de la protestation. On fera donc certainement quelque chose; mais nos maîtres auraient bien changé depuis peu, si leurs concessions ne devaient plus rien laisser à désirer.

Ils se contenteront, sans doute, de soutenir le crédit de leurs amis en accordant, sur leurs instances, des adoucissements; et peut-être, faisant effort sur eux-mêmes, parviendront-ils à ne pas se montrer en ceci trop parcimonieux. Mais, quant à rapporter complètement les mesures de rigueur, il n'y a guère d'apparence qu'ils s'y résolvent[1]. Et si les députés de la conciliation devenaient trop pressants dans leurs démarches, il serait bien facile de les calmer. On leur représenterait fort poliment qu'ils ont mauvaise grâce à incriminer un régime auquel, en définitive, ils doivent leur élection, et que l'on fait, en haut

---

1. Ces lignes étaient écrites bien avant que M. Richter développât, au Reichstag allemand, son interpellation sur la mesure des passeports. Je n'ai rien eu à y changer. La réponse de M. de Caprivi n'a que trop confirmé les prévisions qu'elles expriment.

lieu, trop de cas de leur compagnie pour supprimer entièrement les mesures auxquelles on est redevable d'en jouir. La leçon, il faut en convenir, ne laisserait pas que d'être méritée.

Ce n'est que par la fermeté et la dignité dans la résistance qu'on amène le succès d'une revendication. Protestation et action, telle est, selon la brève et excellente formule donnée par Jacques Kablé, la conduite à tenir par les députés d'Alsace-Lorraine. Protester contre la confiscation des peuples par voie de conquête, contre l'asservissement des consciences; et protester résolument, mais posément, en hommes qui n'ont pas besoin de prendre de grands airs pour déclarer leurs convictions, voilà le premier devoir, qui doit se concilier avec le second, lequel est d'agir, c'est-à-dire de s'occuper le plus efficacement possible des affaires du pays, afin d'empêcher que celui-ci ne se dissolve sous l'action et au profit de ses conquérants.

Courageuse et sage politique! qui reste en définitive celle de l'Alsace-Lorraine; car, sauf Strasbourg et la région attenante, où des circonstances particulières et sans doute aussi l'action démoralisante due au voisinage immédiat du gouvernement, ont amené l'élection de quatre partisans de la conciliation — et encore n'ont-ils passé qu'à la faveur de la question des passeports — sauf cette portion de territoire, tout le Reichsland a nommé des protestataires. La Basse-Alsace en a nommé deux : M. de Dietrich à Wis-

sembourg et M. Lang à Schlestadt, l'un et l'autre
députés sortants, réélus sans contestation. La
Haute-Alsace, qui a cinq députés, et la Lorraine,
qui en a quatre, n'ont nommé que des protestataires.

Dans la Haute-Alsace, MM. les abbés Guerber,
Simonis et Winterer, six fois élus depuis 1874,
ont été réélus pour la septième fois dans leurs
circonscriptions de Guebwiller, Ribeauvillé et
Altkirch-Thann. M. Grad, député de Colmar, a vu
renouveler son mandat pour la sixième fois. A
Mulhouse, où M. Lalance, expulsé d'Alsace-Lorraine, ne s'est pas représenté, M. Hickel, Alsacien
et socialiste, l'a emporté sur M. Boch, protestataire, tant la conquête allemande, après avoir
acclimaté le socialisme dans le Reichsland, y a
favorisé son développement. Mais, socialiste ou
protestataire, c'est tout un, surtout en Alsace-
Lorraine. La Lorraine est représentée par quatre
prêtres. M. le chanoine Dellès, élu le 24 juillet 1889,
en remplacement de M. Antoine, banni et démis-
sionnaire, est resté député de Metz. MM. les abbés Küchly, Mangès et Neumann ont succédé à
MM. Germain, Jaunez et de Wendel, dans les circonscriptions de Sarrebourg-Château-Salins, For-
bach-Sarreguemines et Thionville-Boulay. En
définitive, l'Alsace-Lorraine est représentée au
Reichstag, depuis les élections du 20 février 1890,
par quatre autonomistes et par onze protestataires, dont un socialiste et sept prêtres.

C'est à la présence de ces sept ecclésiastiques

que la députation actuelle doit son caractère original et son trait le plus significatif; et ce sont les élections de la Lorraine qui lui ont surtout imprimé ce cachet. En suivant, d'un mouvement unanime, l'exemple donné depuis 1874 par une partie de l'Alsace, les Lorrains ont fait preuve, dans une circonstance critique, du sens politique le plus avisé, en même temps que du plus ferme patriotisme.

La grande difficulté, pour les patriotes alsaciens-lorrains, est de trouver des hommes capables de les représenter et doués d'assez d'abnégation pour assumer une tâche aussi pénible. Il faut que ces hommes aient du crédit sur leurs concitoyens, qu'ils leur inspirent une parfaite confiance, qu'ils aient assez de loisir et d'aisance pour accepter un mandat astreignant et dispendieux, et encore qu'ils soient en état, sinon de porter la parole en allemand, du moins de bien entendre et de parler suffisamment cette langue. Or très peu de personnes remplissent ces conditions depuis que l'émigration a éloigné presque tous ceux des Alsaciens-Lorrains, possédant quelque fortune, que d'impérieuses sujétions ne tenaient point attachés au sol natal.

Mais ce n'est pas tout. Depuis l'institution des mesures de rigueur, des difficultés plus graves se sont ajoutées à celles qui existaient auparavant. L'un des principaux objets de ces mesures étant d'empêcher l'élection de députés protestataires, leur application a été réglée pour atteindre ce but; et comme cette application est absolument arbitraire, d'autant que tout le Reichsland est soumis au petit état de siège, les suites en peuvent être désastreuses. Non seulement ceux de nos députés qu'on appelle à Berlin, « les Français », mais encore leurs proches, leurs amis, leurs partisans, sont exposés aux vexations et aux tourments de toute sorte qu'entraîne le régime d'oppression. On peut les expulser du jour au lendemain, comme on l'a fait pour MM. Antoine et Lalance, et les frapper par là très grièvement dans leurs inrérêts les plus essentiels et dans leurs sentiments les plus chers. Plus de repos, plus de sécurité pour les malheureux députés de la protestation! Dans bien des cas leur situation n'est plus tenable. Aussi, que l'un d'eux vienne à mourir, on ne lui trouve plus de successeur. Et telles sont les misères de l'emploi, que, aux dernières élections, six de ces députés (y compris M. Lalance, expulsé du Reichsland) ne se sont plus représentés. Même on a pu craindre un moment que les renonciations ne fussent encore plus nombreuses.

C'est alors que la Lorraine trouva moyen de résoudre, par la substitution de prêtres aux laïques, le problème devenu si difficile du maintien d'une députation fidèlement patriote. Le prêtre donne bien moins de prise que le laïque aux mesures de rigueur; il n'a point de famille et que peu d'attaches avec le monde. Il est relativement peu accessible, en Alsace-Lorraine du moins, aux passions purement politiques; et la considération qui résulte pour lui de ce détachement des querelles intéressées, jointe au respect qu'inspire son caractère sacerdotal, le défendent jusqu'à un certain point contre les violences des oppresseurs. Ceux-ci ne peuvent même pas en vouloir trop ouvertement aux populations de choisir, pour les représenter, d'aussi recommandables mandataires. Enfin, comme raison dernière, le prêtre ne peut pas se refuser à une mission de dévouement que ses ouailles le sollicitent de remplir.

Toutes ces choses ont été parfaitement et rapidement comprises; et c'est d'un commun et fervent accord que les anciens députés laïques, les nouveaux candidats ecclésiastiques et la masse de la population lorraine ont concerté et réalisé la vigoureuse et touchante manifestation patriotique du 20 février 1890. Le caractère en est fidèlement exprimé par le manifeste électoral des trois nouveaux candidats : MM. Küchly, archiprêtre de Sarrebourg, Mangès, archiprêtre de Sarreguemines, et Neumann, curé de Hayange.

« *Sollicités par Messieurs les députés sortants,*
« *pressés par les plus influents d'entre vous, nous*
« *acceptons de poser notre candidature pour les*
« *élections au Reichstag du 20 février prochain.*
  « *Enfants du pays,*
  « *Connaissant les deux langues,*
  « *Initiés par toute notre vie aux besoins et aux*

« souffrances des ouvriers et des agriculteurs,

« Nous voulons être les défenseurs énergiques de
« tous les droits et de tous les intérêts de la Lor-
« raine.

« Rien de ce qui vous tient à cœur ne nous est
« étranger.

« Vous nous connaissez, vous savez que vous
« pouvez compter sur nous.

« En union avec les députés d'Alsace, nous por-
« terons à Berlin vos désirs et vos plaintes; nous
« dirons au gouvernement que notre province est
« en état d'être traitée sur le même pied que les
« autres pays de l'Empire.

« Messieurs les électeurs, soyez fidèles à vous-
« mêmes!

« Donnez à vos anciens députés le témoignage
« de confiance qu'ils vous demandent en reportant
« sur nous vos suffrages.

« Nous n'avons d'autre ambition que celle de
« vous servir. »

Voilà certes de simples et fières paroles, parties
du cœur et dignes de la cause qui les a inspirées.
Nul artifice, nulle réclame dans cette mâle déclaration. « Nous nous présentons à vous sur la
demande de vos anciens députés; vous nous
connaissez; vous avez le devoir de nous élire. »
Telle est, en trois phrases, la substance de l'appel
adressé à leurs concitoyens par les trois prêtres
candidats. Et M. l'abbé Küchly, remerciant ses
électeurs, leur parlait en ces termes :

... *La Lorraine donne au monde un grand et*
« *unique exemple. Elle sait que sous la soutane*
« *du prêtre bat un cœur absolument dévoué au*
« *peuple.*

« *Mon énergie, au contact de la vôtre, se sent*
« *décuplée pour travailler au soulagement de notre*
« *bien-aimé pays.*

« *Vous avez droit à tous les sacrifices de ma*
« *part; je ne vous les marchanderai pas.... »*

Ces sentiments d'étroite solidarité et de confiance mutuelle persisteront-ils? L'union, scellée par le vote du 20 février, des nouveaux députés avec leurs mandataires sera-t-elle durable? Nous pouvons en juger par avance d'après le langage tenu aux électeurs de l'arrondissement de Ribeauvillé, le 6 mars dernier, par M. l'abbé Simonis, député de cet arrondissement et l'un des vétérans de la protestation.

.... « *Vous m'avez donné vos voix avec la même*
« *unanimité qu'aux élections précédentes. Je me*
« *suis retrouvé en face de vous toujours le même*
« *depuis seize ans, et vous m'avez montré, vous*
« *avez montré au monde que, vous aussi, vous êtes*
« *restés les mêmes. Votre vote a été en 1890 ce*
« *qu'il a été en 1874, 1876, 1878, 1881, 1884, 1887.*
« *Il est devenu ainsi un grand acte.*

« *Vous avez fait voir combien une population*
« *chrétienne, laborieuse et pacifique reste toujours*
« *fidèle à elle-même. Ce spectacle est d'autant plus*

« *frappant qu'il ne peut y avoir entre nous, entre*
« *le député et les électeurs, les communications qui*
« *ont lieu ailleurs et qui seraient si désirables.*

   « *Les remerciements que je vous adresse sont*
« *d'autant plus profonds.* »

Voilà qui est significatif. Décidément la Lorraine a bien fait de suivre, en choisissant ses
curés pour députés, l'exemple donné par la
Haute-Alsace.

Il n'y a rien, sans doute, que de très naturel
et de très ordinaire à ce que, chez un peuple
opprimé, les membres du clergé fassent cause
commune avec la masse de la nation. L'Irlande et
la Pologne donnent depuis longtemps d'éclatants
exemples de cette communauté de sentiments;
mais c'est l'Alsace-Lorraine qui a offert, pour
la première fois, le spectacle d'une population
tyrannisée choisissant parmi ses prêtres la moi-
tié de sa députation. Innovation d'autant plus
significative que jamais auparavant, depuis le
commencement du siècle, ce pays n'avait élu un
prêtre pour député.

Cette innovation, il convient de la louer sans
réserve, quelle que soit la croyance ou l'opinion
que l'on professe. Il faut la juger comme elle a
été jugée en Alsace-Lorraine, où tous les dissi-
dents, croyants ou non croyants, se sont unis
spontanément et fermement aux catholiques,
parce que ceux-ci se trouvaient, par leur nombre
et par la situation particulière de leurs ministres,

dans les meilleures conditions pour manifester les sentiments du pays tout entier. Tous les électeurs, sans distinction, ont compris que, choisissant des prêtres pour les représenter au Reichstag allemand, ils ennobliraient leur protestation et en rehausseraient la valeur. Non pas que des laïques ne puissent être d'aussi dignes mandataires; là n'est point la question. Mais l'envoi d'un groupe de prêtres députés est une manifestation sans précédents, propre à frapper vivement l'attention par sa portée non moins que par son originalité.

On attribue aux membres de ce groupe, sur la foi de leur caractère ecclésiastique, un rôle spécial et des qualités particulières; et ces qualités sont celles-là même qu'il y avait, pour la députation d'Alsace-Lorraine, le plus d'utilité à posséder complètement et notoirement. Il fallait, en effet, que cette députation apparût, aux yeux de tous, comme l'envoyée d'un peuple opprimé, et il importait que, par son expression morale et sa signification pacifique, elle fît hautement ressortir la bassesse et la violence de l'oppression. Or, quels hommes sont, par état, moins sujets que des prêtres aux passions politiques et aux ambitions mondaines, et, par suite, moins suspects d'accepter la mission de député pour autre chose que pour se dévouer à leurs concitoyens? Quels hommes sont, par devoir, plus ennemis de la violence et plus amis de la paix, plus propres, par conséquent, à imprimer à une revendication un caractère très élevé et très respectable? Ils n'ont pas de famille, ils sont les ministres d'une Église cosmopolite; on les traite mieux et on les paye plus en Allemagne qu'en France. Ce n'est donc pas l'intérêt de caste ni l'intérêt personnel qui les poussent à l'opposition. S'ils protestent, c'est que, en dehors d'eux, d'autres intérêts sont en cause, qu'ils ont l'obligation de défendre. On a violenté leurs ouailles, on a disposé d'elles comme d'un troupeau; c'est la dignité humaine et l'intérêt des consciences qui sont en jeu. Sous une question de nationalité se débat une cause d'une portée universelle. Le prêtre est là pour la défendre. C'est bien à lui qu'il appartient de protester.

Autrefois, à l'époque des grandes invasions germaniques, les habitants des Gaules cherchaient dans les églises un asile pour leurs familles et leurs richesses. C'est encore dans l'église que, à présent, lors de la nouvelle invasion allemande, le peuple d'Alsace-Lorraine vient chercher un refuge. C'est aux ministres de ses autels que, sous le coup d'une si dure catastrophe, il confie derechef ses biens les plus précieux; mais ce ne sont plus des choses matérielles qu'il commet à leur garde. Le dépôt a plus de valeur. Il s'agit maintenant de sa foi patriotique, de son honneur et de sa conscience de peuple.

La très large part faite au clergé dans la députation d'Alsace-Lorraine est le résultat capital des dernières élections. Ni le choix de quatre

autonomistes, ni celui d'un socialiste, n'ont à
beaucoup près autant d'importance, parce que le
premier de ces choix tient surtout à des circonstances particulières et accidentelles,— le régime
des passeports — et que le second, survenu
dans un milieu exceptionnellement favorable à
cet effet, tire peu à conséquence pour le reste du
pays. Au contraire, l'élection de sept prêtres, due
à l'appoint des quatre députés de la Lorraine, est
un événement considérable et significatif, parce
qu'il s'est accompli dans des circonstances très
difficiles, avec beaucoup d'ensemble et de résolution, et que, par son caractère sérieux et modéré,
il répond au tempérament réfléchi et tenace de
la population. Cette manifestation, dès à présent
si considérable, est assurément plus capable
qu'aucune autre de faire une grande impression
sur l'Allemagne. Puisse-t-elle enfin convaincre
ce pays qu'il abuse de sa force et contribuer à
la solution pacifique de cette lamentable question d'Alsace-Lorraine qui accable et exaspère
l'Europe.

VI

LA RÉPUDIATION PAR L'ALLEMAGNE
DU TRAITÉ DE FRANCFORT

Il n'est malheur si grand qui n'apporte avec lui quelque compensation. Le régime des passeports lui-même, qui fait tant souffrir les Alsaciens-Lorrains, a pour eux un bon côté. Ce disant, je ne fais point allusion au profit moral que procure la souffrance, à la vertu fortifiante et purifiante des tribulations. Je veux parler d'un effet moins sanctifiant. En soumettant les Français au régime des passeports, l'Allemagne a transgressé le traité qui lui a livré l'Alsace[1]. Elle a porté la première atteinte au contrat qui stipule son droit de possession sur cette contrée. Que la France se soit tue jusqu'ici, cela se comprend sans peine. Il n'existe point de tribunaux pour décider sur de pareils manquements. Dans ces espèces, les avocats sont des armées, les plaidoi-

1. M. le chancelier de Caprivi nous a appris, dans son discours du 10 juin dernier, que la Chancellerie impériale n'avait pas été sans éprouver quelques scrupules touchant la légitimité du décret sur les passeports; mais que l'Office de la justice, consulté sur ce sujet, « avait démontré clairement que le décret en question n'était pas contraire à l'article 11 du traité de Francfort ». Sans doute les jurisconsultes de cet Office sont de l'école du brave professeur de Tubingue qui accorde à l'Allemagne le droit d'entretenir à l'étranger des espions, voire des agents provocateurs, et refuse ce droit à la France.

ries des batailles, les frais des milliers de vies humaines ; et c'est la force qui prononce. On y regarde à plusieurs fois avant de déchaîner de tels conflits.

Mais un particulier n'est pas tenu à la même réserve qu'une nation. N'ayant ni soldats ni canons pour appuyer ses dires, il ne menace, en parlant, ni la paix du monde, ni la vie d'autrui. Son plaidoyer reste verbal. Ce n'est qu'un avis personnel sur une question de droit. L'Allemagne, il est vrai, ne l'entend pas ainsi. Un gouvernement despotique ne saurait admettre qu'on discute ses actes. Il fait des lois pour condamner des opinions et bâtit des prisons pour séquestrer ses contradicteurs. Les socialistes en savent quelque chose, et aussi les Alsaciens-Lorrains. Toutefois, comme dit le proverbe, tout casse, tout passe, tout lasse ; et le despotisme allemand lui-même ne saurait échapper à ce sort. Au témoignage des dernières élections, ses jours sont comptés.

Aidons pacifiquement à sa ruine dans la mesure de nos forces. Ne nous lassons pas de signaler ses excès et l'action funeste du pouvoir arbitraire qu'il détient. Montrons que, après avoir, par la violence faite à l'Alsace-Lorraine, ramené l'Europe vers l'époque barbare où les peuples, pris et repris au gré de la fortune des armes ou des alliances princières, étaient traités en troupeaux sans conscience, ce despotisme n'a même pas respecté les légers engagements qu'il avait con-

senti à prendre en échange des cessions de territoire qu'il imposait. Tandis qu'il exige d'autrui
la plus rigoureuse exactitude dans l'observation
de la parole donnée, il n'a garde de s'appliquer
à lui-même une règle aussi incommode. Le droit
cesse d'exister pour lui dès qu'il devient contraire
à son intérêt.

Les stipulations établies par le traité de Francfort en vue de régler les relations des Français
avec l'Alsace-Lorraine sont au nombre de deux, ·
contenues dans les articles 2 et 11 de ce traité.
L'article 2 déclare que « *Les sujets français, ori-*
« *ginaires du territoire cédé, domiciliés actuelle-*
« *ment sur ce territoire, qui entendront conser-*
« *ver la nationalité française.... seront libres de*
« *conserver leurs immeubles situés sur le terri-*
« *toire réuni à l'Allemagne.* » Ainsi les propriétaires qui ont opté pour la France sont maîtres
de garder les biens qu'ils possèdent dans le
Reichsland. On ne peut ni confisquer ces biens,
ni contraindre leurs possesseurs à les vendre.

Mais le droit de conserver implique-t-il celui
de surveiller, de gérer et d'habiter? Cela ne
paraît point douteux. Il serait bizarre, en effet,
que cette deuxième faculté ne fût point une conséquence directe et implicite de la première.
Conserver un immeuble à charge de le faire gérer
par autrui est une manière de posséder non seulement fort incomplète, coûteuse et soumise à
des risques, mais souvent incompatible avec la
nature des propriétés, les circonstances locales

ou la condition des propriétaires. Et l'on doit admettre, sans doute, que le Traité de Francfort n'a pas été rédigé dans l'intention de mystifier ceux-ci, en ne leur conférant que des droits illusoires, donnés d'une main et retirés de l'autre.

En m'exprimant ainsi, je suis loin de contester à l'Allemagne la faculté de refuser l'accès de l'Alsace-Lorraine à ceux des anciens habitants, restés propriétaires, mais devenus français, dont elle aurait sujet de se plaindre. Rien de plus légitime qu'un tel refus, puisque le pouvoir d'expulser les étrangers est encore, dans tous les États de l'Europe, laissé à la discrétion du gouvernement. Mais l'Allemagne abuse de ce pouvoir en le faisant peser sur quantité de personnes inoffensives. Pour se mettre tout à son aise, elle a réduit énormément le nombre des propriétaires français, et cela, par le procédé le plus simple, en définissant à sa façon les qualités qui les désignent. Ce nom de propriétaire était reçu, d'un consentement unanime, avec la signification de possesseur d'un terrain, quelles que fussent d'ailleurs l'étendue et la destination de ce terrain, qu'il fût petit ou grand, cultivé en céréales ou en vignes, couvert d'herbes ou de bois, bâti ou non bâti, habité ou non habité. Les Allemands ont changé cela. Ils ont décidé qu'un Français, pour être propriétaire en Alsace-Lorraine, y devait posséder non seulement un terrain, mais encore une maison, et qu'il devait régulièrement habiter cette maison pendant une partie notable de l'année. Et voilà comment les neuf dixièmes au moins des Français, réputés jadis propriétaires, ont perdu ce titre.

De plus, la qualité de propriétaire est jugée incompatible avec certaines autres. Ni les militaires, ni les fonctionnaires français ne sauraient y prétendre. On voit le peu qui reste de vrais propriétaires. Le total s'en réduit à quelques rentiers; et si l'on tient compte des exclusions prononcées contre les suspects, on jugera que l'Allemagne s'est arrangée pour n'avoir presque plus à compter avec l'article 2 du Traité de Francfort. Tandis qu'elle élude ainsi, par une interprétation arbitraire, les stipulations de cet article, elle transgresse ouvertement celles de l'article 11, formulées dans les termes suivants :

« Les traités de commerce avec les différents
« États de l'Allemagne ayant été annulés par la
« guerre, le gouvernement français et le gouver-
« nement allemand prendront pour base de leurs
« relations commerciales *le régime du traitement*
« *réciproque sur le pied de la nation la plus favo-*
« *risée.* »

« Sont compris dans cette règle les droits d'en-
« trée et de sortie, le transit, les formalités doua-
« nières, *l'admission et le traitement des sujets des*
« *deux nations,* ainsi que de leurs agents. »

Je n'examinerai point si, dans ce membre de phrase : « l'admission et le traitement des sujets des deux nations », le mot « sujets » doit être con-

sidéré comme désignant la totalité des citoyens
de chaque nation, ou seulement, eu égard à l'ali-
néa précédent, ceux de ces citoyens qui se livrent
au commerce et à l'industrie. Il y aurait là, sans
doute, matière à d'intéressantes discussions; mais
peu importe pour l'instant le sens auquel on se
tiendrait; mon raisonnement n'y est point inté-
ressé. Pour qu'il porte son effet, il suffit qu'une
catégorie de citoyens français soit placée par le
Traité de Francfort, quant à *l'admission et au traitement* de ses membres, sous *le régime du traitement réciproque sur le pied de la nation la plus
favorisée.* Or il n'est pas contestable que telle ne
soit tout au moins, aux termes de l'article 11, la
situation des industriels, des commerçants et de
leurs agents.

La règle des passeports n'édictant aucune disposition particulière en faveur de ces personnes,
elles sont assujetties aux prescriptions de cette
règle au même titre que les autres Français.
Voyons donc si le régime des passeports est com-
patible avec les stipulations de l'article 11 rela-
tives au traitement réciproque sur le pied de la
nation la plus favorisée. Comparons à cet effet,
au point de vue de l'admission et du séjour en
Alsace-Lorraine, les conditions faites, d'une part,
aux Français, et de l'autre, aux étrangers des
autres nations [1].

---

1. La comparaison qui suit, portant sur quatre chefs, est em-
pruntée à la très intéressante brochure publiée par M. Ed. Clu-
net, avocat à la Cour de Paris, membre de l'Institut de droit

1° Les Français et les autres étrangers, qui pénètrent en Alsace-Lorraine par la frontière française, doivent tous exhiber un passeport visé par l'ambassade allemande à Paris. Mais les autres étrangers y pénètrent librement par les frontières suisse et luxembourgeoise.

Les Français seuls sont tenus de produire un passeport, *quelle que soit la frontière* par laquelle ils entrent (*Journal officiel d'Alsace* du 18 mai 1888. Avis imprimé de l'ambassade d'Allemagne à Paris).

2° Les passeports sont délivrés par l'ambassade d'Allemagne à Paris directement, et sans autre forme de procès, à tous les étrangers, sauf aux Français.

Pour les Français seuls, l'ambassade allemande n'a pas de pouvoirs suffisants. Elle transmet les demandes de visa, faites par les Français, en Allemagne. L'autorité souveraine allemande décide seule sur l'admission des Français.

Les Français seuls doivent fournir des pièces à l'appui, indiquer les motifs de leur voyage, les lieux où ils veulent se rendre, la durée de leurs séjours, le tout accompagné de références. La transmission de ces dossiers au gouvernement allemand et le retour en France causent un retard

international, sous le titre : *La question des passeports en Alsace-Lorraine au point de vue du droit positif, du droit public et du droit conventionnel franco-allemand.* Marchal et Billard, Paris 1888. Cette question vient encore d'être traitée par M. Lauroy dans son important et patriotique ouvrage : *Metz et le joug prussien.* Savine, 1890.

de quelques semaines (Avis imprimé de l'ambassade allemande à Paris).

Pour les Français seuls, la délivrance du passeport n'a lieu qu'après une procédure inquisitoriale instruite par l'autorité allemande centrale sur la personne, la condition, le caractère, les idées de l'impétrant.

En fait, les Français seuls éprouvent des refus de visa de passeport.

3° Le visa des passeports de tous les étrangers est valable pour un an. Aucune limitation de séjour n'est imposée aux étrangers autres que les Français.

Les *Français seuls* ne jouissent, en vertu de leur passeport délivré après la série des formalités énoncées ci-dessus, que d'une permission de séjour de huit semaines. A l'expiration de ce délai, les Français doivent demander une prolongation de séjour au président du district (art. 1er du rescrit du 23 mai 1888; avis imprimé de l'ambassade allemande).

4° Les étrangers munis de passeport n'ont aucune formalité à remplir après leur entrée en Alsace-Lorraine.

Les *Français seuls*, quelle que soit la frontière par laquelle ils sont entrés, et bien que munis du passeport délivré après enquête, s'ils séjournent plus de vingt-quatre heures dans une commune d'Alsace-Lorraine, doivent « faire une déclaration de résidence dans les vingt-quatre heures, soit au maire de la commune, soit, pour les villes de Metz, de Strasbourg et de Mulhouse, au directeur de la police » (art. 2 du rescrit du 23 mai 1888).

Il est de toute évidence, après ces explications, que les Français, bien loin d'être admis et traités en Alsace-Lorraine sur le pied de la nation la plus favorisée, sont au contraire soumis à des rigueurs particulières et placés dans une condition inférieure à celle des nationaux d'aucun autre pays. En stipulant des garanties en leur faveur relativement à l'admission et au séjour en Alsace-Lorraine, le Traité de Francfort les avait établis dans une situation privilégiée. Pour que l'Allemagne acquît le droit de les assujettir au régime des passeports, il ne suffisait pas qu'elle astreignît tous les étrangers sans exception à présenter, sur la frontière française du Reichsland, un passeport visé par son ambassade de Paris; il fallait en outre qu'elle leur imposât intégralement les conditions aggravantes qu'elle imposait aux Français. C'était la seule manière de frapper ceux-ci sans cesser de les maintenir, conformément au Traité de Francfort, sur le pied de la nation la plus favorisée. Faveur assurément peu enviable et bien allemande que celle de n'être point battus plus fort que les autres! Mais il n'importe. Du moins la lettre du Traité se fût ainsi trouvée respectée.

Ce n'est pas que je prétende quereller nos maîtres sur cette inobservation. Nous ne sommes pas encore assez germanisés pour nous plaire aux querelles d'Allemand, et ce serait en chercher une que de reprocher à l'Allemagne de n'avoir pas séquestré l'Alsace-Lorraine de tous les autres pays, comme elle l'a séquestrée de la France. J'ai seulement voulu faire voir qu'elle aurait dû, pour agir correctement, nous mettre complètement en quarantaine, et montrer, par cette conséquence du régime imposé au Reichsland, à quelles énormités peut conduire une politique d'arbitraire et de violence.

Quoi qu'il en soit, l'Allemagne, en instituant et appliquant le régime des passeports, a éludé l'article 2 et transgressé l'article 11 du Traité de Francfort. La condition de réciprocité, expressément instituée par ce dernier article, autorisait la France à user de représailles. Cet État pouvait, à son tour, exiger le passeport de tous les étrangers franchissant sa frontière alsacienne-lorraine, et appliquer aux Allemands, sinon sur tout son territoire, du moins dans ses départements limitrophes, le traitement imposé aux Français dans le Reichsland. Les vingt mille Allemands recensés en 1886 dans Meurthe-et-Moselle, les cinq mille des Vosges, les cinq mille de Belfort, ceux en moindre nombre du Doubs, de la Haute-Marne, de la Meuse, pouvaient être assujettis par réciprocité aux contraintes du régime d'oppression.

Ces représailles ont été réclamées. Un député français est monté à la tribune pour demander qu'elles fussent exercées. Le gouvernement, tout

en réservant la question de principe, s'y est re-
fusé. Il a très bien agi. C'eût été faire le jeu de
l'Allemagne que d'élever, sur la frontière de
l'Est, barrière contre barrière. Le parti militaire,
qui gouverne nos voisins, s'efforce de restreindre
leurs relations avec la France. Il défend spécialement à ses officiers de passer la frontière. Il
s'attache, en toutes circonstances et par tous les
moyens, à dégoûter ses compatriotes de la fran-
chir. La triple alliance n'a-t-elle pas, sous la pression de l'Allemagne, essayé de mettre en interdit
l'Exposition du Centenaire? et le très illustre
corps des médecins allemands de la réserve n'a-
t-il pas maintenu jusqu'au bout cet interdit? C'est
qu'il faut préserver les États dynastiques de la
contagion républicaine et révolutionnaire, défendre le Droit divin contre les Droits de l'homme
et ceux des peuples, et conserver les masses avec
d'autant plus de soin dans la sainte ignorance
des choses françaises, que cette ignorance per-
met de faire défiler sous leurs yeux les spectres
les plus fantastiques et de tirer d'elles, à discrétion, des hommes et de l'argent.

Certes, de tels avantages sont assez précieux
pour mériter qu'on les achète au prix de quel-
ques-sacrifices; et ce n'eût pas été, sans doute,
au gré de l'Allemagne, faire un mauvais marché
que de les payer par les souffrances de ses sujets
établis dans les départements de l'Est. Quelle
belle occasion pour elle, si la France se fût abais-
sée à cette vengeance, de prendre le beau rôle!

de réchauffer la haine des populations germaniques contre l'ennemi héréditaire, de justifier le despotisme militaire et les armements à outrance, d'augmenter ceux-ci sans mesure, d'étouffer une bonne fois les voix dissidentes qui prêchent la modération! quel excellent prétexte de mettre les Français en contradiction avec eux-mêmes, de railler le peu de solidité de leurs principes humanitaires, de mettre l'Europe en garde contre leur caractère irascible et vindicatif! mais surtout, quel incomparable secours pour s'impatroniser en Alsace-Lorraine!

Ce malheureux pays se fût alors trouvé, par le fait des Français, complètement séparé de la France. Érigé en glacis de l'empire d'Allemagne et fermé, à ce titre, aux Français, il eût rencontré devant lui un autre glacis, celui de la France, fermé aux sujets de l'Empire et par suite aux Alsaciens-Lorrains. Ceux-ci n'eussent désormais communiqué librement qu'avec l'Allemagne; et, dès lors, rejetés de leur ancienne patrie, traités en simple enjeu à l'ouest comme à l'est, peut-être, le désespoir et la nécessité les y poussant, se fussent-ils résignés, sans protester davantage, à subir les conditions du traité de Francfort.

La France, heureusement, n'a pas commis cette faute. Bien loin d'user de représailles, elle a tranquillement poursuivi les préparatifs de la fête grandiose qu'elle avait résolu d'offrir à l'univers en mémoire de sa Révolution. Elle a répondu aux menaces et aux violences de l'Allemagne en appelant fraternellement tous les peuples à son Exposition du Centenaire. Et les peuples sont venus en foule, laissant leurs souverains se morfondre au logis ou s'entre-visiter pour tâcher de se désennuyer. La plèbe a été, cette fois, mieux partagée que ses maîtres. Pour elle l'âge de fer s'est métamorphosé. Manifesté par une tour gigantesque, fanal de lumière et de progrès, et par d'immenses palais brillamment décorés, il a pris enfin, sous la main de la France, un caractère pacifique et joyeux.

De toutes les parties de l'Alsace-Lorraine, les visiteurs sont accourus. Il n'est point de village, pour petit et retiré qu'il soit, qui n'ait fourni son pèlerin, heureux d'admirer les splendeurs du Champ de Mars et de l'Esplanade des Invalides, plus heureux encore de revoir la France et d'y retrouver des parents ou des amis qu'il n'avait pas embrassés depuis de longues années. Et, au retour, que de récits enthousiastes! que d'histoires merveilleuses! que d'explosions d'admiration et de patriotisme, avidement recueillies par un cercle d'auditeurs sans cesse renouvelé! On se réjouissait d'apprendre que la France est redevenue forte et riche et que le monde entier s'est donné rendez-vous à son Exposition. On apprenait aussi, non sans surprise, que les Allemands étaient venus, comme les autres, qu'on entendait quantité de visiteurs parler *hochtitsch*, et que tous ces *Schwob* se promenaient aussi tranquillement dans Paris que s'ils avaient été chez eux. On se disait alors que les Français n'ont pas changé; que, malgré la défaite, ils restent, comme autrefois, hospitaliers et bons enfants, francs de cœur comme de nom, incapables de prétexter de mauvaises raisons pour opprimer autrui, trop éclairés et trop généreux pour attiser méchamment de vieilles rancunes ou faire expier de récents griefs à un populaire irresponsable. On rapprochait leur attitude envers les Allemands de la manière dont ceux-ci se comportent à leur égard en Alsace-Lorraine; on s'indignait du contraste, et l'on maudissait avec un regain de douleur et de colère la lamentable disgrâce d'avoir passé du gouvernement humain et libéral de la France à l'impitoyable étreinte de l'Allemagne.

Mais l'effet le plus considérable de cette hospitalière tolérance est celui qu'elle a produit au delà du Rhin. Elle y a, en grande partie, dissipé les préjugés et redressé les erreurs que le parti militaire s'efforce d'accréditer à son profit. Ce n'est pas sans peine que les Allemands se décidèrent à visiter l'Exposition. Sans doute, ils voyagent volontiers et ils aiment à s'instruire; mais, recevoir, au lieu de leçons, des avanies et même, selon M. Tisza, des horions, cela n'est du goût de personne. Les voilà donc bien embarrassés, la curiosité, d'une part, les poussant vers Paris, la crainte, de l'autre, les retenant chez eux. Les voyez-vous à la brasserie, discutant, autour des chopes, la question du partir ou

du non-partir. Ils mettent dans un plateau
de la balance... la Bastille et le Temple, rebâtis
pour commémorer de détestables rébellions...
le musée de la Révolution, où le bric-à-brac
glorifie les pires excès de la Terreur!... et la
frénésie de l'ex-Ligue des patriotes, et les appé-
tits sanguinaires de la nation sauvage, et tant
d'autres menaces contre lesquelles leur presse
officielle et officieuse les a prémunis avec une
maternelle sollicitude. Il n'y a presque rien à
mettre sur l'autre plateau, rien que l'attrait du
fruit défendu et le besoin de changer d'air.

Mais ce besoin, il faut le croire, était irrésistible, puisqu'il a déterminé quelques hardis
explorateurs à braver tous ces périls. O surprise!
ils arrivent sans encombre. O merveille! avec
leurs vêtements grisâtres, sans serrer leurs
lunettes ni teindre leurs cheveux, ils circulent,
reconnus de tous, le plus paisiblement du monde,
gouaillés seulement par leurs compatriotes établis à Paris, qui font des gorges chaudes de leurs
craintes chimériques. Nos voyageurs s'enhardis-
sent. Ils se moquent à leur tour des sages que la
prudence retient au pays. La confiance se propage,
gagnant les plus timides; toute appréhension
disparaît. De toutes parts les Germains s'entassent
sur les chemins de fer pour se précipiter aux rives
de la Seine. Tous admirent le spectacle qui s'offre
à leurs yeux, les uns non sans dépit, les autres
de bon cœur; et telle est la puissance du revire-
ment qui s'opère dans les esprits, que les feuilles

même officielles tournent casaque et font chorus avec la foule.

La *Gazette nationale* (16 septembre 1889) célèbre sur le mode lyrique cette entreprise merveilleusement réussie, qu'aucune autre ville du monde ne saurait surpasser avant longtemps. La *Deutsche Rundschau* (décembre 1889) va plus loin. Elle rend loyalement hommage à l'urbanité française. « La presse allemande, dit cette Revue, donne une fausse image de la réalité, quand elle affirme que l'Allemand, en cette qualité, est exposé à Paris à un mauvais traitement. Quiconque se conduit comme on doit le faire dans une maison étrangère, peut être assuré d'être accueilli avec une politesse parfaite ; ce n'est malheureusement pas le cas de tous les Allemands.... » Suit une énumération des infractions à la civilité que l'auteur de l'article impute à ses compatriotes. « Il est des Allemands, ajoute-t-il, qui s'imaginent qu'ils peuvent en prendre à leur aise à l'étranger, et lorsque le public français, qui n'est pas habitué à de telles grossièretés, se tourne contre eux, aussitôt le registre des excitations contre les Allemands s'enrichit d'un chapitre.... »

Pour s'être produits vers la fin ou après la clôture de l'Exposition, ces jugements n'en traduisent que plus sûrement l'impression reçue par l'Allemagne. Ils expriment une opinion réfléchie et définitive. Aussi n'est-il plus possible désormais d'agiter devant la Germanie l'épouvantail d'un prétendu peuple sauvage altéré de vengeance, le spectre d'une nation de cannibales assoiffée de sang allemand. Ces monstrueux fantômes étaient évoqués pour donner peur à la foule et profit à ses gardiens, pour maintenir le peuple dans la servitude et le pressurer à discrétion. Ils se sont évanouis à la lumière du phare de la tour Eiffel et des fontaines du Champ de Mars.

Non seulement ils se sont évanouis, au grand soulagement de toutes les bonnes gens qu'ils épouvantaient, mais la manière dont ils ont disparu a fait paraître à tous les yeux leur inanité. Et alors, chose grave! ces bonnes gens se sont aperçues qu'on avait exploité leur crédulité. Ils savent maintenant que leurs maîtres ne se font pas scrupule de les abuser, qu'ils apprêtent l'histoire à l'usage de la multitude, que, depuis les manuels de l'école primaire jusqu'aux articles de la presse reptilienne, les sources populaires d'instruction et d'information sont, sur certains sujets, sophistiquées de parti pris. N'ont-ils pas entendu leur souverain lui-même se plaindre qu'on inculquât trop mollement à la jeunesse allemande la haine de la Révolution française et l'horreur de ses principes? Ces bourgeois et ces manants se sont lassés à la longue de recevoir d'en haut des idées revues et corrigées. Malgré leur extrême patience, ils n'ont pas voulu supporter davantage l'atmosphère d'absolutisme et de contrainte policière dans laquelle on s'efforce de les maintenir; et, pour la dissiper, ils ont envoyé au Reichstag force progressistes et socialistes, qui font grand cas de la Révolution française, combattent le despotisme militaire, prêchent l'apaisement des haines de race et réclament, avec la suppression des lois d'exception, l'abolition du régime des passeports.

Sans avoir pris aucune part à ces élections, la France, on peut le dire, a cependant contribué pour beaucoup au résultat qu'elles ont amené. En s'abstenant de répondre aux provocations venues d'outre-Rhin, en opposant avec éclat, grâce à l'Exposition du Centenaire, sa politique libérale et humanitaire à la dure et égoïste politique de l'Allemagne, elle a remis en honneur chez les nations voisines les idées de liberté et de fraternité. Elle a restauré son ascendant moral et travaillé tout ensemble à son propre bien et à celui de tous les peuples. Avec le temps, le mouvement qu'elle a suscité se développera de plus en plus jusqu'à devenir irrésistible.

Ce bénéfice à venir, auquel sa valeur morale et son caractère universel confèrent un si haut prix, n'est pas le seul que la France doive retirer de sa modération. En renonçant à exercer les représailles qu'autorisait la transgression de l'article 11 du Traité de Francfort, elle s'est réservé un autre avantage plus immédiat et plus positif: celui de laisser l'Allemagne elle-même rompre ce traité ! C'est un fait considérable, qu'il importe de bien établir.

Si la France, molestée par le régime des passeports, avait usé de réciprocité sur sa frontière, elle aurait en quelque sorte compensé l'offense reçue. En appliquant la loi du talion, elle se serait fait justice suivant la méthode barbare; et, puisque cette espèce de justice consiste dans la réparation de l'injure ou du tort par l'imposition d'un dommage équivalent, la partie lésée se fût trouvée satisfaite une fois ce dommage infligé. Abrogée de part et d'autre, la clause du traitement réciproque des personnes sur le pied de la nation la plus favorisée disparaissait alors du Traité; mais il n'y avait point de raison pour que les autres clauses fussent atteintes. Le Traité de Francfort continuait donc à subsister, sauf le changement apporté à l'article 11.

Tout autre est la situation si, la France s'abstenant d'user de représailles, l'Allemagne reste seule à transgresser la convention. Cette convention est un contrat synallagmatique ou bilatéral, dont la nature ne change pas, soit qu'il existe entre ce que les protocoles diplomatiques appellent de hautes parties contractantes, soit qu'il lie ensemble des particuliers. Dans tous les cas, il est de l'essence d'un tel contrat de comprendre nécessairement et implicitement la condition résolutoire. Cette condition s'accomplit lorsque l'une des deux parties ne satisfait point à son engagement; et l'effet de son accomplissement est d'opérer la révocation de l'obligation en remettant les choses au même état que si cette obligation n'avait pas existé.

Il n'y a qu'une seule différence, quant à la résolution du contrat, entre un traité de nation à nation et une convention privée. C'est que, en cas d'inexécution, cette dernière n'est pas résolue de plein droit et ne peut être annulée que par autorité de justice, tandis qu'il n'y a d'action judiciaire possible, en matière de traité, que si les deux parties s'accordent pour constituer un tribunal et accepter ses décisions. Or une telle façon de procéder serait impraticable dans l'espèce. Jamais l'Allemagne n'admettrait que des tiers intervinssent pour interpréter ce Traité de Francfort qu'elle a imposé à la France sans le soumettre à la sanction de l'Europe. Dès lors, la résolution du contrat va de soi. En transgressant l'article 11 du Traité de Francfort, l'Allemagne a rompu ce Traité.

Cette transgression était d'ailleurs sans excuse. L'attitude du gouvernement français a toujours été correcte. A-t-on jamais entendu les membres de ce gouvernement parler de l'Allemagne comme l'ex-chancelier de l'Empire a tant de fois parlé de la France, en vue de peser sur les élections ou sur les délibérations du Reichstag? A des violences de paroles la France a-t-elle jamais ajouté, comme l'Allemagne, de soudaines menaces de guerre? A-t-elle, à grand fracas, expulsé les officiers allemands qui se trouvaient sur son territoire? Et si l'on passe des agissements des hommes d'État à ceux des subalternes, peut-on imputer à la France, malgré l'irritation bien naturelle des populations de sa zone frontière, rien qui approche du guet-apens Schnœbelé et des coups de fusil de Vexaincourt? Cependant l'Allemagne aurait voulu faire accroire que les provocations sont parties de la France, et présenter, par suite, le régime des passeports comme une mesure de légitime défense. Mais elle n'a donné le change à personne, pas même à ses nationaux, qui, depuis leurs récentes visites à Paris, savent à quoi s'en tenir sur le caractère et sur les dispositions des Français.

Encore ne suffit-il pas qu'on ait à souffrir d'un engagement dûment contracté, pour prendre le droit de s'affranchir des conditions onéreuses qu'il impose. C'est pourtant ce qu'a fait l'Allemagne, quoique la sujétion créée par l'article 11 fût, en vérité, très supportable. Jamais le maréchal de Manteuffel ne s'estima gêné par cette clause et ne fut tenté de l'enfreindre; et maintenant encore un très grand nombre d'Allemands, hautement opposés au régime des passeports, partagent cette manière de voir. Donc, en transgressant l'article 11, l'Allemagne, loin de céder à la nécessité, s'est déterminée par des motifs tout au moins très contestables. Aussi ne mérite-t-elle pas même le bénéfice des circonstances atténuantes. Mais que lui importe! Du moment que la force prime le droit, le bon plaisir doit prévaloir sur le respect des traités.

La violence, heureusement, défait elle-même ses ouvrages. Le régime des passeports a ruiné le Traité de Francfort; l'œuvre de séquestration a détruit l'œuvre de spoliation. Et la France a maintenant les mains libres. Rien ne l'empêche de rompre, pour l'admission des marchandises allemandes, la clause du traitement réciproque sur le pied de la nation la plus favorisée. Aucune des obligations du Traité, si grave, si capitale qu'elle soit, ne reste valide. La France peut, à l'instar de l'Allemagne, en secouer le fardeau à son heure et à sa convenance.

Cependant les conjurés de la Triple-Alliance continuent à monter la garde autour de l'ombre du Traité de Francfort. L'Allemagne prétend maintenir ses compères sous les armes et les employer à la défense du régime des passeports. C'est trop demander à ces bons amis. C'est leur imposer, au lieu du rôle de compagnon d'armes, celui de sbire; et cela sans réciprocité de services, car ni l'Autriche, ni l'Italie n'ont besoin qu'on les assiste en cette forme. L'Autriche sait d'ailleurs, par expérience, combien un tel métier est ingrat et devient parfois désastreux. Et quant à l'Italie, elle n'en connaît que trop bien l'infamie par les longues et cruelles souffrances que lui infligea l'oppression étrangère. Certes, une alliance qui entraîne pour ses adhérents d'aussi onéreuses et répugnantes obligations n'est pas faite pour subsister. En même temps qu'elle s'évanouira, périra le traité qu'elle est destinée à maintenir. Pour l'Europe comme pour la France, le régime des passeports détruira le Traité de Francfort.

Il ne serait pas impossible que le même effet se produisît pour l'Allemagne. On s'y apercevra peut-être que le régime qui accable l'Alsace-Lorraine et celui qui épuise l'Europe ne font qu'un. Peut-être s'y rappellera-t-on que la loi du septennat militaire, consentie par le Reichstag, il y a seulement trois ans — Dieu sait avec quelle difficulté et sous quelle formidable pression! — devait fixer *ne varietur* l'effectif de l'armée et le chiffre de son budget; et, si on se le rappelle, on constatera que cette promesse de fixité n'a été qu'un leurre, et que les charges, tenues naguère pour écrasantes, paraîtraient aujourd'hui très supportables et même bénignes, tant les effectifs et les dépenses se sont incessamment accrus et menacent de s'accroître de plus en plus. Comment ne pas reconnaître, si l'on vient à faire ces observations, que la nouvelle et copieuse aggravation des charges militaires coïncide avec l'imposition à l'Alsace-Lorraine du régime des passe-ports, et ne pas rester convaincu que cette aggravation provient du surcroît de tension politique et de méfiance internationale qui s'est développé sous ce régime.

Mais il y a autre chose. Comment concilier les réformes sociales avec l'accroissement des charges militaires? Comment accorder l'idéal des socialistes, caressé par Guillaume II — la journée de huit heures — avec l'idéal du général de Caprivi — l'éducation du peuple par l'armée, au moyen, s'il est possible, du service universel de cinq ans, seul capable, suivant ce chancelier d'épée, « de discipliner la jeunesse » qui, même en Allemagne, paraît-il, « n'a plus de frein »? Ces objectifs sont évidemment contradictoires, car s'il faut, pour suffire aux charges actuelles de la nation et spécialement aux charges militaires, que les ouvriers travaillent douze heures par jour, il est clair qu'ils devront travailler plus longtemps si les charges viennent à augmenter selon le vœu de M. de Caprivi, tandis qu'ils ne pourraient être soulagés, comme le désire l'Empereur, que par une réduction des mêmes charges. Entre ces deux termes il faut choisir, et c'est aussi ce qu'on fait, mais non pas au profit du menu peuple. On lui prodigue les bonnes paroles, mais les dépenses sont augmentées sans cesse. A quoi bon des règlements sur le travail et des caisses de secours, s'il faut, en définitive, payer et peiner davantage!

Aussi bien les masses donnent-elles des signes non équivoques d'impatience. Elles délaissent leurs anciens guides pour se convertir en masse au socialisme. C'est que les socialistes mettent à découvert les plaies dont souffre le peuple, et signalent hautement, bravement, sans égards pour les abus ni les préjugés, les remèdes propres à guérir ces plaies. Écoutons-les retracer la misère des prolétaires, exposer les effets désastreux de l'aggravation des charges, dénoncer l'insatiable appétit du parti militaire et son outrecuidante prétention de régénérer la nation par une discipline agrémentée de bourrades, flétrir l'écrasant et absurde régime de la paix armée, stigmatiser les lois d'exception, les rigueurs policières, la corruption systématique de la presse, en un mot, tous les moyens de compression et d'asservissement dont le despotisme fait usage pour enrayer le progrès des idées et ajourner l'émancipation des peuples. Entendons surtout leurs conclusions. Il n'y en a qu'une, toujours la même, qui clôt, en manière de refrain, tous leurs discours :

La folie des armements et les maux innombrables qu'elle entraine proviennent de l'hostilité de la France et de l'Allemagne, et par suite de l'annexion de l'Alsace-Lorraine, qui a été non seulement un crime contre la souveraineté nationale, mais encore une faute politique très grave. Arrangeons-nous donc avec la France et désarmons.

On ne saurait répudier plus formellement le traité de Francfort. Ce que les socialistes proclament, d'autres Allemands le méditent, qui oseront le dire plus tard, quand ils seront à leur tour poussés à bout. Et ce sera bientôt, car le nombre des mécontents augmente avec une merveilleuse rapidité. Cependant le maintien du régime des passeports finira par désabuser même les *Stockpreussen* les plus entêtés, ceux qui s'imaginent encore, avec le maréchal de Moltke, que les provinces conquises sont essentiellement allemandes (*wesentlich deutsch*). Il serait juste que ces chauvins allemands, reconnaissant leur

erreur, réparassent la faute qui en fut la conséquence.

Si le régime des passeports nous procurait plus
vite cet avantage, il ne faudrait point regretter
de l'avoir souffert. Il a rompu d'emblée le Traité
de Francfort en ce qui concerne la France. Il a
fait toucher du doigt à l'Europe le vice rédhibi-
toire et les dangers de ce Traité. Enfin ce régime
est déjà réprouvé par une partie des Allemands,
et entre autres par les socialistes et les progressistes, c'est-à-dire par la fraction la plus vivace
de la nation, par celle qui grandit incessamment
en nombre et en force, et à laquelle appartient
l'avenir. Il apparaît à cette fraction avancée du
peuple allemand non seulement comme un coup
de despotisme du parti militaire, organisé par
ce parti pour soutenir sa prépotence, comme
une constante menace de guerre et un incessant
appel à l'accroissement de l'armée, mais aussi
comme une conséquence directe et une flagrante
condamnation du Traité de Francfort. Par là, sans
doute, il amènera l'Allemagne à répudier ce
Traité, et ainsi hâtera-t-il la solution pacifique de
la question d'Alsace-Lorraine. Le bien, dit-on,
naît parfois de l'excès du mal. Nous en sommes
réduits à souhaiter que la délivrance nous arrive
par cette voie douloureuse. Nous n'espérions
plus qu'elle vînt par une autre depuis que, connaissant nos maîtres, nous avons appris ce
qu'est le gouvernement actuel de l'Allemagne.

TABLE DES MATIÈRES

20886. — PARIS, IMPRIMERIE LAHURE

9, RUE DE FLEURUS, 9.